הגדת קורן

The Koren Haggada

קורן ירושלים

הגדת קורן

THE KOREN HAGGADA

הוצאת קוֹרֵן ירושלים

The Koren Haggada, First Hebrew–English Edition

הוצאת קורן ירושלים בע״מ, ת.ד. 4044, ירושלים 9104001
טל׳: 02-6330533 פקס: 02-6330534
Koren Publishers Jerusalem Ltd.
POB 4044, Jerusalem 91040, Israel
Tel : 972.2.633.0533 Fax: 972.2.633.0534
POB 8531, New Milford, CT 06776-8531, USA

www.korenpub.com

Photo credits: page 8, © Shutterstock / ChameleonsEye; page 14, Freepik; page 17, © Shutterstock / givaga; page 19, © Shutterstock / nexus 7; page 56, © Shutterstock / Leon P; page 64, © Shutterstock / Pan Xunbin; page 66, © Shutterstock / ESOlex; page 76, © Shutterstock / irin-k; page 89, © Shutterstock / Africa Studio; page 90, © Shutterstock / John D Sirlin; page 102, © Shutterstock / yuri56p; pages 106–107, © Shutterstock / rangizzz

Printed in Turkey 2026
First printing

Hardcover: ISBN 978-965-7812-26-6 כריכה קשה: מסת״ב
Paperback: ISBN 978-965-7812-27-3 כריכה רכה: מסת״ב

מצות עשה
של תורה
לספר
בנסים
ונפלאות
שנעשו
לאבותינו
במצרים
בליל
חמשה עשר
בניסן
שנאמר
זכור
את היום הזה
אשר
יצאתם
ממצרים
כמו שנאמר
זכור
את יום השבת
ומנין
שבליל חמשה עשר
תלמוד לומר
והגדת לבנך
ביום ההוא וגו׳

רמב״ם, הלכות חמץ ומצה, פרק ז

SEARCH FOR ḤAMETZ

On the night before Pesaḥ (Thursday night if Pesaḥ falls on Motza'ei Shabbat), a search for ḥametz is made in the house, customarily by candlelight. Before beginning the search, make the following blessing:

Blessed are You, Lord our God, King of the Universe,
who has made us holy through His commandments,
and has commanded us about the removal of leaven.

After the search, say:

May all ḥametz or leaven that is in my possession
which I have not seen or removed,
be annulled and deemed like the dust of the earth.

On the following morning, after burning the ḥametz, say:

May all ḥametz or leaven that is in my possession,
whether I have seen it or not,
whether I have removed it or not,
be annulled and deemed like the dust of the earth.

ERUV TAVSHILIN

It is not permitted to cook for Shabbat when a Yom Tov falls on Thursday or Friday unless an Eruv Tavshilin has been made prior to the Yom Tov. This is done by taking a piece of matza together with a boiled egg or some cooked food to be used on Shabbat. While holding them, say the following:

Blessed are You, Lord our God, King of the Universe,
who has made us holy through His commandments,
and has commanded us about the mitzva of Eruv.

By this Eruv may we be permitted to bake, cook, insulate food,
light a flame and do everything necessary on the festival
for the sake of the Sabbath,
for us and for all Jews living in this city.

ביעור חמץ

אור לארבעה עשר ניסן (ואם חל בשבת – אור לשלושה עשר) בודקין את החמץ לאור הנר.
לפני הבדיקה מברכים:

בָּרוּךְ אַתָּה יהוה אֱלֹהֵינוּ מֶלֶךְ הָעוֹלָם
אֲשֶׁר קִדְּשָׁנוּ בְּמִצְוֹתָיו וְצִוָּנוּ עַל בִּעוּר חָמֵץ.

אחר הבדיקה אומרים:

כָּל חֲמִירָא וַחֲמִיעָא דְּאִכָּא בִרְשׁוּתִי
דְּלָא חֲמִתֵּהּ וּדְלָא בִעַרְתֵּהּ
לִבְטִיל וְלֶהֱוֵי הֶפְקֵר
כְּעַפְרָא דְאַרְעָא.

ערב פסח שחרית, בשעה החמישית של היום, שורפים את החמץ ואחר כך אומרים:

כָּל חֲמִירָא וַחֲמִיעָא דְּאִכָּא בִרְשׁוּתִי
דַּחֲמִתֵּהּ וּדְלָא חֲמִתֵּהּ, דְּבִעַרְתֵּהּ וּדְלָא בִעַרְתֵּהּ
לִבְטִיל וְלֶהֱוֵי הֶפְקֵר
כְּעַפְרָא דְאַרְעָא.

עירוב תבשילין

בחוץ לארץ, אם חל ערב פסח ביום הרביעי, עושים עירוב תבשילין.
נוטלים מצה ותבשיל ואומרים:

בָּרוּךְ אַתָּה יהוה אֱלֹהֵינוּ מֶלֶךְ הָעוֹלָם
אֲשֶׁר קִדְּשָׁנוּ בְּמִצְוֹתָיו וְצִוָּנוּ עַל מִצְוַת עֵרוּב.

בְּדֵן עֵרוּבָא יְהֵא שְׁרֵא לָנָא לְמֵיפֵא וּלְבַשָּׁלָא
וּלְאַטְמָנָא וּלְאַדְלָקָא שְׁרָגָא וּלְמֶעְבַּד כָּל צָרְכָּנָא
מִיּוֹמָא טָבָא לְשַׁבְּתָא
לָנוּ וּלְכָל יִשְׂרָאֵל הַדָּרִים בָּעִיר הַזֹּאת.

קערת הסדר
THE SEDER PLATE

זרוע
THE SHANK BONE

ביצה
THE EGG

מרור
THE BITTER HERB

חרוסת
THE ḤAROSET

כרפס
THE KARPAS

חזרת
THE MAROR FOR THE SANDWICH

קדש / ורחץ / כרפס / יחץ
מגיד / רחצה / מוציא מצה
מרור / כורך / שלחן עורך
צפון / ברך / הלל / נרצה

The program for the evening is announced beforehand in the following form:

KIDDUSH

WASHING THE HANDS

KARPAS

DIVIDING THE MATZA

TELLING THE STORY

WASHING THE HANDS

BLESSING OVER MATZA

EATING THE BITTER HERB

THE BITTER SANDWICH

THE FESTIVE MEAL

EATING THE AFIKOMAN

GRACE AFTER MEALS

HALLEL

CONCLUSION

KIDDUSH *The first cup of wine is poured. Lift the cup with the right hand and say the following (on Shabbat, add the words in parentheses):*

I am hereby prepared and ready to fulfill the commandment of the first of the four cups. For the sake of the unification of the Holy One, blessed be He, and His Divine Presence, through that which is hidden and concealed, in the name of all Israel.

(*Quietly:* And there was evening and there was morning – *Gen. 1*
the sixth day. And the heavens and the earth were finished, and all their host. *Gen. 2*
And by the seventh day God ended His work which He had done; and He rested on the seventh day from all His work which He had done. And God blessed the seventh day and sanctified it, because on it He rested from all His work which God had created and done.)

Blessed are You,
Lord our God, King of the Universe,
who creates the produce of the vine.

Blessed are You, Lord our God, King of the Universe, who has chosen us from all peoples, and has raised us above all tongues, and has sanctified us with His commandments. And You have given us, O Lord our God, in love, (Sabbaths for rest, and) appointed times for rejoicing, festivals and seasons for gladness, this (Sabbath day and this) Festival of Matzot, the season of our freedom, (in love,) a sacred gathering in memory of the departure from Egypt. For You have chosen us, and have sanctified us from among all peoples, and have given us for our inheritance (Your Sabbath and) Your appointed holy times (in love and favor,) in rejoicing and gladness.
Blessed are You, O Lord,
who sanctifies (the Sabbath and) Israel and the festivals.

קדש

מוזגים כוס ראשון, נוטלו ביד ימינו ומקדש (בשבת מוסיפים את המילים בסוגריים):

הנני מוכן ומזומן לקיים מצוות כוס ראשון של ארבע כוסות.
לשם ייחוד קודשא בריך הוא ושכינתיה על ידי ההוא טמיר ונעלם בשם כל ישראל.

(בלחש: וַיְהִי־עֶרֶב וַיְהִי־בֹקֶר בראשית א
יוֹם הַשִּׁשִּׁי: וַיְכֻלּוּ הַשָּׁמַיִם וְהָאָרֶץ וְכָל־צְבָאָם: וַיְכַל אֱלֹהִים בַּיּוֹם הַשְּׁבִיעִי מְלַאכְתּוֹ אֲשֶׁר בראשית ב
עָשָׂה, וַיִּשְׁבֹּת בַּיּוֹם הַשְּׁבִיעִי מִכָּל־מְלַאכְתּוֹ אֲשֶׁר עָשָׂה: וַיְבָרֶךְ אֱלֹהִים אֶת־יוֹם הַשְּׁבִיעִי,
וַיְקַדֵּשׁ אֹתוֹ, כִּי בוֹ שָׁבַת מִכָּל־מְלַאכְתּוֹ, אֲשֶׁר־בָּרָא אֱלֹהִים, לַעֲשׂוֹת.)

סברי מרנן

בָּרוּךְ אַתָּה יהוה אֱלֹהֵינוּ מֶלֶךְ הָעוֹלָם, בּוֹרֵא פְּרִי הַגָּפֶן.

בָּרוּךְ אַתָּה יהוה אֱלֹהֵינוּ מֶלֶךְ הָעוֹלָם, אֲשֶׁר בָּחַר
בָּנוּ מִכָּל עָם, וְרוֹמְמָנוּ מִכָּל לָשׁוֹן, וְקִדְּשָׁנוּ בְּמִצְוֹתָיו
וַתִּתֶּן לָנוּ יהוה אֱלֹהֵינוּ בְּאַהֲבָה (שַׁבָּתוֹת לִמְנוּחָה
וּ)מוֹעֲדִים לְשִׂמְחָה, חַגִּים וּזְמַנִּים לְשָׂשׂוֹן, אֶת
יוֹם (הַשַּׁבָּת הַזֶּה וְאֶת יוֹם) חַג הַמַּצּוֹת הַזֶּה
זְמַן חֵרוּתֵנוּ (בְּאַהֲבָה) מִקְרָא קֹדֶשׁ
זֵכֶר לִיצִיאַת מִצְרָיִם, כִּי בָנוּ
בָחַרְתָּ וְאוֹתָנוּ קִדַּשְׁתָּ
מִכָּל הָעַמִּים, (וְשַׁבָּת)
וּמוֹעֲדֵי קָדְשֶׁךָ
(בְּאַהֲבָה וּבְרָצוֹן)
בְּשִׂמְחָה וּבְשָׂשׂוֹן הִנְחַלְתָּנוּ.
בָּרוּךְ אַתָּה יהוה, מְקַדֵּשׁ (הַשַּׁבָּת וְ)יִשְׂרָאֵל וְהַזְּמַנִּים.

On Motza'ei Shabbat, add the following:

Blessed are You, Lord our God,
King of the Universe,
who creates the light of the fire.

Blessed are You, Lord our God, King of the Universe,
who makes distinction between sacred and profane,
between light and darkness,
between Israel and other peoples,
between the seventh day and the six days of labor.
You have made distinction
between the sanctity of the Sabbath
and the sanctity of a festival,
and You have sanctified
the seventh day from among the six days of toil.
You have distinguished and set apart
Your people of Israel with Your own sanctity.
Blessed are You, O Lord,
who makes distinction between holy and holy.

Blessed are You, Lord our God,
King of the Universe,
who has kept us in life, sustained us,
and brought us safely to this season.

Drink while reclining to the left.

במוצאי שבת מוסיפים:

בָּרוּךְ אַתָּה יהוה אֱלֹהֵינוּ מֶלֶךְ הָעוֹלָם
בּוֹרֵא מְאוֹרֵי הָאֵשׁ.

בָּרוּךְ אַתָּה יהוה אֱלֹהֵינוּ מֶלֶךְ הָעוֹלָם
הַמַּבְדִּיל בֵּין קֹדֶשׁ לְחֹל
בֵּין אוֹר לְחֹשֶׁךְ
בֵּין יִשְׂרָאֵל לָעַמִּים
בֵּין יוֹם הַשְּׁבִיעִי לְשֵׁשֶׁת יְמֵי הַמַּעֲשֶׂה
בֵּין קְדֻשַּׁת שַׁבָּת לִקְדֻשַּׁת יוֹם טוֹב הִבְדַּלְתָּ
וְאֶת יוֹם הַשְּׁבִיעִי מִשֵּׁשֶׁת יְמֵי הַמַּעֲשֶׂה קִדַּשְׁתָּ
הִבְדַּלְתָּ וְקִדַּשְׁתָּ אֶת עַמְּךָ יִשְׂרָאֵל בִּקְדֻשָּׁתֶךָ.
בָּרוּךְ אַתָּה יהוה הַמַּבְדִּיל בֵּין קֹדֶשׁ לְקֹדֶשׁ.

בָּרוּךְ אַתָּה יהוה
אֱלֹהֵינוּ מֶלֶךְ הָעוֹלָם
שֶׁהֶחֱיָנוּ וְקִיְּמָנוּ וְהִגִּיעָנוּ
לַזְּמַן הַזֶּה.

שותים בהסבת שמאל.

ורחץ מביאים לבעל הבית מים, נוטל ידיו ואינו מברך.

כרפס נוטל מן הכרפס פחות מכזית, טובלו במי מלח או בחומץ ומברך
(מכוון לפטור בברכה זו גם את המרור):

בָּרוּךְ אַתָּה יהוה
אֱלֹהֵינוּ מֶלֶךְ הָעוֹלָם
בּוֹרֵא פְּרִי הָאֲדָמָה.

אוכלים בלי הסבה.

יחץ מחלק את המצה האמצעית לשני חלקים.
מצפין את החלק הגדול לאפיקומן,
ומחזיר את החלק הקטן לבין שתי המצות השלמות.

WASHING THE HANDS *Water is brought to the leader. The participants wash their hands but do not say a blessing.*

KARPAS *A small quantity of radish, greens, or roots of parsley is dipped in salt water.*
Say the following over the karpas,
with the intent to include the maror in the blessing:

Blessed are You, LORD our God,
King of the Universe,
who creates the produce of the soil.

Eat without reclining..

DIVIDING THE MATZA *The middle matza is broken in two.*
The bigger portion is then hidden away to serve as the Afikoman
with which the meal is later concluded.
The smaller portion is placed between the two whole matzot.

מגיד מגביה את הקערה, מראה על המצה הפרוסה שבין שתי השלמות ואומר:

הנני מוכן ומזומן לקיים המצווה לספר ביציאת מצרים.
לשם ייחוד קודשא בריך הוא ושכינתיה על ידי ההוא טמיר ונעלם בשם כל ישראל.

I am hereby prepared and ready to fulfill the commandment of telling the story of the exodus from Egypt. For the sake of the unification of the Holy One, blessed be He, and His Divine Presence, through that which is hidden and concealed, in the name of all Israel.

TELLING THE STORY

During the recital of this paragraph the ke'ara (ritual dish) is held up and the middle matza is displayed to the company.

לַחְמָא עַנְיָא

דִּי אֲכַלוּ אֲבָהָתָנָא בְּאַרְעָא דְמִצְרָיִם
כָּל דִּכְפִין יֵיתֵי וְיֵכֻל, כָּל דִּצְרִיךְ יֵיתֵי וְיִפְסַח
הָשַׁתָּא הָכָא לְשָׁנָה הַבָּאָה בְּאַרְעָא דְיִשְׂרָאֵל
הָשַׁתָּא עַבְדֵי לְשָׁנָה הַבָּאָה בְּנֵי חוֹרִין.

THIS
IS THE BREAD OF AFFLICTION

which our fathers did eat in the land of Egypt.
Let all who hunger come and eat.
Let all who are in need come and partake of the Pesaḥ lamb!
This year we are here;
Next year – in the land of Israel!
This year we are slaves;
Next year – free men!

מוזגים כוס שני ומסלקים את הקערה.
הבן שואל:

מַה נִּשְׁתַּנָּה
הַלַּיְלָה הַזֶּה מִכָּל הַלֵּילוֹת

שֶׁבְּכָל הַלֵּילוֹת אָנוּ אוֹכְלִין חָמֵץ וּמַצָּה
הַלַּיְלָה הַזֶּה כֻּלּוֹ מַצָּה
שֶׁבְּכָל הַלֵּילוֹת אָנוּ אוֹכְלִין שְׁאָר יְרָקוֹת
הַלַּיְלָה הַזֶּה מָרוֹר
שֶׁבְּכָל הַלֵּילוֹת אֵין אָנוּ מַטְבִּילִין אֲפִלּוּ פַּעַם אֶחָת
הַלַּיְלָה הַזֶּה שְׁתֵּי פְעָמִים
שֶׁבְּכָל הַלֵּילוֹת אָנוּ אוֹכְלִין בֵּין יוֹשְׁבִין וּבֵין מְסֻבִּין
הַלַּיְלָה הַזֶּה כֻּלָּנוּ מְסֻבִּין

The ke'ara and the matzot are now covered and the second cup of wine is poured.
The youngest child asks the following questions:

HOW DIFFERENT
IS THIS NIGHT FROM ALL OTHER NIGHTS

On all other nights we may eat either ḥametz or matza;
why on this night only matza?
On all other nights we eat other kinds of herbs;
why on this night bitter herbs?
On all other nights we do not even dip the herbs once;
why on this night do we dip twice?
On all other nights we eat either sitting or reclining;
why on this night do we all recline?

The ke'ara and the matzot are uncovered.

SLAVES WE WERE

to Pharaoh in Egypt
But the Lord our God brought us out of there
with a strong hand and an outstretched arm.
And if the Holy One, blessed is He,
had not brought our fathers out from Egypt,
then we, and our children
and our children's children
would still be slaves to Pharaoh in Egypt.
Now even if
we were all wise, even if we were all clever,
even if we were all old,
and even if we were all learned in the Torah,
it would still be our duty to tell the story
of the going out of Egypt.
And the more one dwells on the story
of the going out of Egypt,
the more praise one deserves.

מחזירים את הקערה למקומה. עורך הסדר מגלה את המצות ואומר:

עֲבָדִים הָיִינוּ

לְפַרְעֹה בְּמִצְרָיִם

וַיּוֹצִיאֵנוּ יהוה אֱלֹהֵינוּ מִשָּׁם

בְּיָד חֲזָקָה וּבִזְרוֹעַ נְטוּיָה.

וְאִלּוּ לֹא הוֹצִיא הַקָּדוֹשׁ בָּרוּךְ הוּא

אֶת אֲבוֹתֵינוּ מִמִּצְרַיִם

הֲרֵי אָנוּ וּבָנֵינוּ וּבְנֵי בָנֵינוּ מְשֻׁעְבָּדִים הָיִינוּ

לְפַרְעֹה בְּמִצְרָיִם.

וַאֲפִלּוּ

כֻּלָּנוּ חֲכָמִים, כֻּלָּנוּ נְבוֹנִים, כֻּלָּנוּ זְקֵנִים

כֻּלָּנוּ יוֹדְעִים אֶת הַתּוֹרָה

מִצְוָה עָלֵינוּ לְסַפֵּר בִּיצִיאַת מִצְרָיִם

וְכָל הַמַּרְבֶּה לְסַפֵּר בִּיצִיאַת מִצְרַיִם

הֲרֵי זֶה מְשֻׁבָּח.

A TALE

of Rabbi Eliezer, and Rabbi Yehoshua,
and Rabbi Elazar son of Azarya,
and Rabbi Akiva, and Rabbi Tarfon,
who were reclining at the Seder service in Benei Berak,
and had spent the whole night long
telling the story of the going out of Egypt,
until their pupils came and said to them:
"Our masters,
it is time to recite the morning Shema!"

Said Rabbi Elazar son of Azarya, *Berakhot 12b*
"Now I am like a man of seventy,
but I had never yet understood
why the going out from Egypt
should be mentioned at nighttime,
until Ben Zoma explained it to me from the verse,
'That you may remember the day *Deut. 16*
when you came out of Egypt
all the days of your life.'

'The days of your life,' means, just the days!
But 'all the days of your life,' means, the nights as well!

But the sages explain:

'The days of your life,' means, this life!
But 'All the days of your life,' means, the days of the Messiah
as well!"

מַעֲשֶׂה

בְּרַבִּי אֱלִיעֶזֶר וְרַבִּי יְהוֹשֻׁעַ וְרַבִּי אֶלְעָזָר בֶּן עֲזַרְיָה
וְרַבִּי עֲקִיבָא וְרַבִּי טַרְפוֹן
שֶׁהָיוּ מְסֻבִּין בִּבְנֵי בְרַק
וְהָיוּ מְסַפְּרִים בִּיצִיאַת מִצְרַיִם כָּל אוֹתוֹ הַלַּיְלָה
עַד שֶׁבָּאוּ תַלְמִידֵיהֶם וְאָמְרוּ לָהֶם
רַבּוֹתֵינוּ, הִגִּיעַ זְמַן קְרִיאַת שְׁמַע שֶׁל שַׁחֲרִית.

אָמַר רַבִּי אֶלְעָזָר בֶּן עֲזַרְיָה ברכות יב:
הֲרֵי אֲנִי כְּבֶן שִׁבְעִים שָׁנָה
וְלֹא זָכִיתִי שֶׁתֵּאָמֵר יְצִיאַת מִצְרַיִם בַּלֵּילוֹת
עַד שֶׁדְּרָשָׁהּ בֶּן זוֹמָא
שֶׁנֶּאֱמַר
לְמַעַן תִּזְכֹּר אֶת־יוֹם צֵאתְךָ מֵאֶרֶץ מִצְרַיִם דברים טז
כֹּל יְמֵי חַיֶּיךָ:

יְמֵי חַיֶּיךָ הַיָּמִים
כֹּל יְמֵי חַיֶּיךָ הַלֵּילוֹת.

וַחֲכָמִים אוֹמְרִים
יְמֵי חַיֶּיךָ הָעוֹלָם הַזֶּה
כֹּל יְמֵי חַיֶּיךָ לְהָבִיא לִימוֹת הַמָּשִׁיחַ.

BLESSED IS THE ALL-PRESENT GOD,

BLESSED IS HE,

BLESSED IS HE WHO GAVE THE TORAH

TO HIS PEOPLE ISRAEL,

BLESSED IS HE.

THE TORAH,
IN VARIOUS PLACES, ALLUDES
TO FOUR TYPES OF CHILDREN

ONE
WISE

ONE
WICKED

ONE
SIMPLE

ONE
**TOO SMALL
TO ASK A QUESTION**

בָּרוּךְ הַמָּקוֹם
בָּרוּךְ הוּא
בָּרוּךְ שֶׁנָּתַן תּוֹרָה לְעַמּוֹ יִשְׂרָאֵל
בָּרוּךְ הוּא

כְּנֶגֶד
אַרְבָּעָה בָנִים דִּבְּרָה תוֹרָה

אֶחָד
חָכָם
וְאֶחָד
רָשָׁע
וְאֶחָד
תָּם
וְאֶחָד
שֶׁאֵינוֹ יוֹדֵעַ לִשְׁאוֹל

What does the
WISE
child say?
"What mean the testimonies, and the statutes, *Deut. 6*
and the judgments,
which the Lord our God has commanded you?"

You too must tell him all the detailed regulations
of the Pesaḥ,
for instance, that we do not proceed to any dessert
after eating the Pesaḥ lamb.

What does the
WICKED
child say?
"What mean you by this service?" *Ex. 12*

meaning you and not himself –
and since he excludes himself from the company,
showing that he rejects
the main principle of the Pesaḥ,
you should also make him feel uncomfortable
by quoting:
"This is done because of that which the Lord did for me *Ex. 13*
when I came out of Egypt!"

ME and not HIM!

Because if he had been there, he would not have been saved.

חָכָם

מַה הוּא אוֹמֵר

מָה הָעֵדֹת וְהַחֻקִּים וְהַמִּשְׁפָּטִים 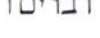 דברים ו

אֲשֶׁר צִוָּה יהוה אֱלֹהֵינוּ אֶתְכֶם:

וְאַף אַתָּה אֱמָר לוֹ כְּהִלְכוֹת הַפֶּסַח

אֵין מַפְטִירִין אַחַר הַפֶּסַח אֲפִיקוֹמָן.

רָשָׁע

מַה הוּא אוֹמֵר

מָה הָעֲבֹדָה הַזֹּאת לָכֶם: שמות יב

לָכֶם וְלֹא לוֹ

וּלְפִי שֶׁהוֹצִיא אֶת עַצְמוֹ מִן הַכְּלָל

כָּפַר בָּעִקָּר

וְאַף אַתָּה הַקְהֵה אֶת שִׁנָּיו, וֶאֱמָר לוֹ

בַּעֲבוּר זֶה עָשָׂה יהוה לִי בְּצֵאתִי מִמִּצְרָיִם: שמות יג

לִי וְלֹא לוֹ

אִלּוּ הָיָה שָׁם, לֹא הָיָה נִגְאָל.

What does the

SIMPLE

child ask?

"What is this?"

And you shall say to him,
"By strength of hand the Lord *Ex. 13*
brought us out of Egypt,
out of the house of bondage."

And as for the child who is

TOO SMALL TO ASK A QUESTION

you should prompt him,
as it is said:
"And you shall tell your son on that day, saying, *Ex. 13*
This is because of what the Lord did for me
when I came out of Egypt."

"And you shall tell your son" – this could mean
you should begin to tell the story at New Moon.
So the verse adds, "on that day."
Now if it says, "on that day," it could mean
that we start in the daytime.
So the verse adds, "Because of this";
"Because of this" means –
only when the matza and maror are laid before you.

מַה הוּא אוֹמֵר

מַה־זֹּאת שמות יג

וְאָמַרְתָּ אֵלָיו

בְּחֹזֶק יָד הוֹצִיאָנוּ יהוה מִמִּצְרַיִם מִבֵּית עֲבָדִים:

וְשֶׁאֵינוֹ יוֹדֵעַ לִשְׁאוֹל

אַתְּ פְּתַח לוֹ

שֶׁנֶּאֱמַר

וְהִגַּדְתָּ לְבִנְךָ בַּיּוֹם הַהוּא לֵאמֹר שמות יג

בַּעֲבוּר זֶה עָשָׂה יהוה לִי בְּצֵאתִי מִמִּצְרָיִם:

וְהִגַּדְתָּ לְבִנְךָ יָכוֹל מֵרֹאשׁ חֹדֶשׁ

תַּלְמוּד לוֹמַר: בַּיּוֹם הַהוּא.

אִי בַּיּוֹם הַהוּא יָכוֹל מִבְּעוֹד יוֹם

תַּלְמוּד לוֹמַר: בַּעֲבוּר זֶה.

בַּעֲבוּר זֶה לֹא אָמַרְתִּי

אֶלָּא בְּשָׁעָה שֶׁיֵּשׁ מַצָּה וּמָרוֹר מֻנָּחִים לְפָנֶיךָ.

AT THE BEGINNING

OUR FATHERS
WERE IDOL WORSHIPERS,

BUT NOW

GOD HAS BROUGHT US NEAR
TO SERVE HIM,
as it is said:
"And Joshua said to all the people, *Josh. 24*
Thus says the Lord God of Israel,
Your fathers dwelt
on the other side of the river in ancient times:
Teraḥ was the father of Abraham, and the father of Naḥor:
and they served other gods.
And I took your father Abraham
from the other side of the river,
and led him through all the land of Kena'an,
and multiplied his seed,
and gave him Isaac.
And I gave to Isaac, Jacob and Esau,
and I gave to Esau Mount Se'ir to possess it;
BUT JACOB AND HIS CHILDREN
WENT DOWN INTO EGYPT."

מִתְּחִלָּה

עוֹבְדֵי עֲבוֹדָה זָרָה הָיוּ אֲבוֹתֵינוּ

וְעַכְשָׁו

קֵרְבָנוּ הַמָּקוֹם לַעֲבוֹדָתוֹ

שֶׁנֶּאֱמַר

וַיֹּאמֶר יְהוֹשֻׁעַ אֶל־כָּל־הָעָם יהושע כד
כֹּה־אָמַר יהוה אֱלֹהֵי יִשְׂרָאֵל
בְּעֵבֶר הַנָּהָר יָשְׁבוּ אֲבוֹתֵיכֶם מֵעוֹלָם
תֶּרַח אֲבִי אַבְרָהָם וַאֲבִי נָחוֹר
וַיַּעַבְדוּ אֱלֹהִים אֲחֵרִים:
וָאֶקַּח אֶת־אֲבִיכֶם אֶת־אַבְרָהָם מֵעֵבֶר הַנָּהָר
וָאוֹלֵךְ אוֹתוֹ בְּכָל־אֶרֶץ כְּנָעַן
וָאַרְבֶּ אֶת־זַרְעוֹ, וָאֶתֶּן־לוֹ אֶת־יִצְחָק:
וָאֶתֵּן לְיִצְחָק אֶת־יַעֲקֹב וְאֶת־עֵשָׂו
וָאֶתֵּן לְעֵשָׂו אֶת־הַר שֵׂעִיר לָרֶשֶׁת אוֹתוֹ

וְיַעֲקֹב וּבָנָיו יָרְדוּ מִצְרָיִם:

BLESSED IS THE ONE
WHO KEEPS HIS PROMISE TO ISRAEL,
blessed is He.
For the Holy One, blessed is He,
had already worked out the end of their captivity,
in order to fulfill what He had said to our father Abraham
at the Covenant between the Pieces,
as it is said:
"And He said to Abram, Know surely that your seed *Gen. 15*
shall be strangers in a land that is not theirs,
and shall serve them;
and they shall afflict them for four hundred years;
and also that nation whom they shall serve, will I judge:
AND AFTERWARD THEY WILL COME OUT
WITH GREAT POSSESSIONS."

The matzot are covered and the wine cup is raised.

AND THAT

promise to our fathers and ourselves has stood,
for not only one persecutor has risen to destroy us;
but in every generation
there are those who rise to destroy us.

BUT THE HOLY ONE,
BLESSED IS HE,
ALWAYS SAVES US FROM THEIR HANDS.

The wine cup is put down and the matzot are uncovered.

בָּרוּךְ שׁוֹמֵר הַבְטָחָתוֹ לְיִשְׂרָאֵל

בָּרוּךְ הוּא

שֶׁהַקָּדוֹשׁ בָּרוּךְ הוּא חִשַּׁב אֶת הַקֵּץ

לַעֲשׂוֹת כְּמָה שֶּׁאָמַר לְאַבְרָהָם אָבִינוּ בִּבְרִית בֵּין הַבְּתָרִים

שֶׁנֶּאֱמַר

וַיֹּאמֶר לְאַבְרָם יָדֹעַ תֵּדַע כִּי־גֵר יִהְיֶה זַרְעֲךָ בְּאֶרֶץ לֹא לָהֶם בראשית טו

וַעֲבָדוּם וְעִנּוּ אֹתָם

אַרְבַּע מֵאוֹת שָׁנָה:

וְגַם אֶת־הַגּוֹי אֲשֶׁר יַעֲבֹדוּ דָּן אָנֹכִי

וְאַחֲרֵי־כֵן יֵצְאוּ בִּרְכֻשׁ גָּדוֹל:

מכסה את המצות, אוחז את הכוס ואומר:

וְהִיא

שֶׁעָמְדָה לַאֲבוֹתֵינוּ וְלָנוּ

שֶׁלֹּא אֶחָד בִּלְבָד עָמַד עָלֵינוּ לְכַלּוֹתֵנוּ

אֶלָּא שֶׁבְּכָל דּוֹר וָדוֹר עוֹמְדִים עָלֵינוּ לְכַלּוֹתֵנוּ

וְהַקָּדוֹשׁ בָּרוּךְ הוּא מַצִּילֵנוּ מִיָּדָם

מניח את הכוס ומגלה את המצות.

What Laban
the Aramean tried to do
to Jacob our father!
For Pharaoh decreed
the death of
the male children only,
but Laban tried
to exterminate us all –

as it is said:

AN ARAMEAN SOUGHT TO DESTROY MY FATHER, *Deut. 26*
AND HE WENT DOWN TO EGYPT,
AND SOJOURNED THERE, WITH A FEW,
AND HE BECAME THERE A NATION, GREAT, MIGHTY, AND POPULOUS.

AND HE WENT DOWN TO EGYPT
this means, forced by the divine word;

AND SOJOURNED THERE
This means to teach us that our father Jacob
did not go down to settle in Egypt,
but only to stay for a time,
as it is said:
"And they said to Pharaoh, *Gen. 47*
to SOJOURN in the land have we come;
for your servants have no pasture for their flocks;
for the famine is severe in the land of Kena'an:
Now, therefore, we pray you,
let your servants dwell in the land of Goshen."

מַה בִּקֵּשׁ לָבָן הָאֲרַמִּי
לַעֲשׂוֹת לְיַעֲקֹב אָבִינוּ
שֶׁפַּרְעֹה לֹא גָזַר
אֶלָּא עַל הַזְּכָרִים
וְלָבָן בִּקֵּשׁ לַעֲקֹר אֶת הַכֹּל

שֶׁנֶּאֱמַר
אֲרַמִּי אֹבֵד אָבִי דברים כו
וַיֵּרֶד מִצְרַיְמָה, וַיָּגָר שָׁם בִּמְתֵי מְעָט
וַיְהִי־שָׁם לְגוֹי גָּדוֹל עָצוּם וָרָב

וַיֵּרֶד מִצְרַיְמָה
אָנוּס עַל פִּי הַדִּבּוּר

וַיָּגָר שָׁם
מְלַמֵּד שֶׁלֹּא יָרַד יַעֲקֹב אָבִינוּ
לְהִשְׁתַּקֵּעַ בְּמִצְרַיִם, אֶלָּא לָגוּר שָׁם
שֶׁנֶּאֱמַר
וַיֹּאמְרוּ אֶל־פַּרְעֹה לָגוּר בָּאָרֶץ בָּאנוּ בראשית מז
כִּי־אֵין מִרְעֶה לַצֹּאן אֲשֶׁר לַעֲבָדֶיךָ
כִּי־כָבֵד הָרָעָב בְּאֶרֶץ כְּנָעַן
וְעַתָּה יֵשְׁבוּ־נָא עֲבָדֶיךָ בְּאֶרֶץ גֹּשֶׁן:

WITH A FEW

as it is said:
"Your fathers went down to Egypt *Deut. 10*
with seventy persons,
and now the LORD your God has made you
like the stars of heaven for multitude."

AND HE BECAME THERE A NATION

this comes to teach that Israel
developed their distinctive ways there.

GREAT, MIGHTY

as it is said:
"And the children of Israel were fruitful, *Ex. 1*
and increased abundantly.
and multiplied, and grew EXCEEDINGLY MIGHTY;
and the land was filled with them."

AND POPULOUS

as it is said:
"I have CAUSED YOU TO MULTIPLY *Ezek. 16*
like the plants of the field;
and you did increase and grow great,
and you did come to excellent beauty;
your breasts were formed, and your hair was grown;
yet you were naked and bare."

Some add:

Now when I passed by you and saw you wallowing in your blood,
I said to you: By your blood live; and I said to you, By your blood live.

בִּמְתֵי מְעָט

כְּמָה שֶׁנֶּאֱמַר
בְּשִׁבְעִים נֶפֶשׁ יָרְדוּ אֲבֹתֶיךָ מִצְרָיְמָה דברים י
וְעַתָּה שָׂמְךָ יהוה אֱלֹהֶיךָ כְּכוֹכְבֵי הַשָּׁמַיִם לָרֹב:

וַיְהִי־שָׁם לְגוֹי

מְלַמֵּד שֶׁהָיוּ יִשְׂרָאֵל מְצֻיָּנִים שָׁם

גָּדוֹל עָצוּם

כְּמָה שֶׁנֶּאֱמַר
וּבְנֵי יִשְׂרָאֵל פָּרוּ וַיִּשְׁרְצוּ שמות א
וַיִּרְבּוּ וַיַּעַצְמוּ בִּמְאֹד מְאֹד
וַתִּמָּלֵא הָאָרֶץ אֹתָם:

וָרָב

כְּמָה שֶׁנֶּאֱמַר
רְבָבָה כְּצֶמַח הַשָּׂדֶה נְתַתִּיךְ יחזקאל טז
וַתִּרְבִּי וַתִּגְדְּלִי, וַתָּבֹאִי בַּעֲדִי עֲדָיִים
שָׁדַיִם נָכֹנוּ וּשְׂעָרֵךְ צִמֵּחַ, וְאַתְּ עֵרֹם וְעֶרְיָה:

ויש מוסיפים:

וָאֶעֱבֹר עָלַיִךְ וָאֶרְאֵךְ מִתְבּוֹסֶסֶת בְּדָמָיִךְ
וָאֹמַר לָךְ בְּדָמַיִךְ חֲיִי   וָאֹמַר לָךְ בְּדָמַיִךְ חֲיִי:

AND THE EGYPTIANS DEALT ILL WITH US, *Deut. 26*
AND AFFLICTED US,
AND LAID UPON US HARD BONDAGE.

AND THE EGYPTIANS DEALT ILL WITH US

as it is said:
"Come, let us deal wisely with them, *Ex. 1*
lest they multiply,
and it come to pass,
that when any war should chance,
they too will join our enemies,
and fight against us,
and so go up out of the land."

AND AFFLICTED US

as it is said:
"Therefore *Ex. 1*
they did set over them taskmasters,
to **AFFLICT** them with their burdens.
And they built for Pharaoh treasure cities,
namely,
Pitom and Raamses."

AND LAID UPON US HARD BONDAGE

as it is said:
"And Egypt made the children of Israel *Ex. 1*
serve with rigor."

וַיָּרֵעוּ אֹתָנוּ הַמִּצְרִים וַיְעַנּוּנוּ דברים כו
וַיִּתְּנוּ עָלֵינוּ עֲבֹדָה קָשָׁה:

וַיָּרֵעוּ אֹתָנוּ הַמִּצְרִים

כְּמָה שֶׁנֶּאֱמַר
הָבָה נִתְחַכְּמָה לוֹ שמות א
פֶּן־יִרְבֶּה
וְהָיָה כִּי־תִקְרֶאנָה מִלְחָמָה
וְנוֹסַף גַּם־הוּא עַל־שֹׂנְאֵינוּ
וְנִלְחַם־בָּנוּ, וְעָלָה מִן־הָאָרֶץ:

וַיְעַנּוּנוּ

כְּמָה שֶׁנֶּאֱמַר
וַיָּשִׂימוּ עָלָיו שָׂרֵי מִסִּים שמות א
לְמַעַן עַנֹּתוֹ בְּסִבְלֹתָם
וַיִּבֶן עָרֵי מִסְכְּנוֹת לְפַרְעֹה
אֶת־פִּתֹם וְאֶת־רַעַמְסֵס:

וַיִּתְּנוּ עָלֵינוּ עֲבֹדָה קָשָׁה

כְּמָה שֶׁנֶּאֱמַר
וַיַּעֲבִדוּ מִצְרַיִם אֶת־בְּנֵי יִשְׂרָאֵל בְּפָרֶךְ: שמות א

AND WHEN WE CRIED *Deut. 26*
TO THE LORD GOD OF OUR FATHERS,
THE LORD HEARD OUR VOICE,
AND LOOKED ON OUR AFFLICTION,
AND OUR TOIL, AND OUR OPPRESSION.

AND WHEN WE CRIED TO THE LORD GOD OF OUR FATHERS

as it is said:
"And it came to pass in the course of those many days, *Ex. 2*
that the king of Egypt died,
and the children of Israel
sighed by reason of the bondage,
and they CRIED out;
and their cry came up to God by reason of the bondage."

THE LORD HEARD OUR VOICE

as it is said:
"And God HEARD their groaning, *Ex. 2*
and God remembered His covenant
with Abraham, with Isaac, and with Jacob."

AND LOOKED ON OUR AFFLICTION

this refers
to their separation from their wives,
as it is said:
"And God saw the children of Israel, and God knew." *Ex. 2*

וַנִּצְעַק אֶל־יהוה אֱלֹהֵי אֲבֹתֵינוּ דברים כו
וַיִּשְׁמַע יהוה אֶת־קֹלֵנוּ
וַיַּרְא אֶת־עָנְיֵנוּ וְאֶת־עֲמָלֵנוּ וְאֶת־לַחֲצֵנוּ:

וַנִּצְעַק אֶל־יהוה אֱלֹהֵי אֲבֹתֵינוּ
כְּמָה שֶּׁנֶּאֱמַר
וַיְהִי בַיָּמִים הָרַבִּים הָהֵם, וַיָּמָת מֶלֶךְ מִצְרַיִם שמות ב
וַיֵּאָנְחוּ בְנֵי־יִשְׂרָאֵל מִן־הָעֲבֹדָה, וַיִּזְעָקוּ
וַתַּעַל שַׁוְעָתָם אֶל־הָאֱלֹהִים מִן־הָעֲבֹדָה:

וַיִּשְׁמַע יהוה אֶת־קֹלֵנוּ
כְּמָה שֶּׁנֶּאֱמַר
וַיִּשְׁמַע אֱלֹהִים אֶת־נַאֲקָתָם שמות ב
וַיִּזְכֹּר אֱלֹהִים אֶת־בְּרִיתוֹ
אֶת־אַבְרָהָם אֶת־יִצְחָק וְאֶת־יַעֲקֹב:

וַיַּרְא אֶת־עָנְיֵנוּ
זוֹ פְּרִישׁוּת דֶּרֶךְ אֶרֶץ
כְּמָה שֶּׁנֶּאֱמַר
וַיַּרְא אֱלֹהִים אֶת־בְּנֵי יִשְׂרָאֵל, וַיֵּדַע אֱלֹהִים: שמות ב

AND OUR TOIL
this refers to the sons,
as it is said:
"every son that is born *Ex. 1*
you shall cast into the River,
and every daughter you shall save alive."

AND OUR OPPRESSION
this refers to the force used,
as it is said:
"And I have also seen *Ex. 3*
the **OPPRESSION**
with which Egypt
oppresses them."

AND THE LORD BROUGHT US OUT OF EGYPT *Deut. 26*
WITH A MIGHTY HAND,
AND WITH AN OUTSTRETCHED ARM,
AND WITH GREAT TERROR, AND WITH SIGNS
AND WITH WONDERS.

AND THE LORD BROUGHT US OUT OF EGYPT
not by an angel,
nor by a Seraf,
nor by a messenger,
but the Holy One, blessed is He, He Himself,
in His glory,

וְאֶת־עֲמָלֵנוּ

אֵלּוּ הַבָּנִים
כְּמָה שֶׁנֶּאֱמַר
כָּל־הַבֵּן הַיִּלּוֹד, הַיְאֹרָה תַּשְׁלִיכֻהוּ שמות א
וְכָל־הַבַּת תְּחַיּוּן:

וְאֶת־לַחֲצֵנוּ

זֶה הַדְּחַק
כְּמָה שֶׁנֶּאֱמַר
וְגַם־רָאִיתִי אֶת־הַלַּחַץ שמות ג
אֲשֶׁר מִצְרַיִם לֹחֲצִים אֹתָם:

וַיּוֹצִאֵנוּ יהוה מִמִּצְרַיִם דברים כו
בְּיָד חֲזָקָה וּבִזְרֹעַ נְטוּיָה, וּבְמֹרָא גָּדֹל
וּבְאֹתוֹת וּבְמֹפְתִים:

וַיּוֹצִאֵנוּ יהוה מִמִּצְרַיִם

לֹא עַל יְדֵי מַלְאָךְ
וְלֹא עַל יְדֵי שָׂרָף
וְלֹא עַל יְדֵי שָׁלִיחַ
אֶלָּא הַקָּדוֹשׁ בָּרוּךְ הוּא בִּכְבוֹדוֹ וּבְעַצְמוֹ

as it is said:
"For I will pass through the land of Egypt this night, *Ex. 12*
and I will smite all the firstborn in the land of Egypt,
both man and beast,
and against all the gods of Egypt
I will execute judgments;
I am the Lord."
For I will pass through the land of Egypt

	I Myself, not an angel:
And I will smite all the firstborn	I Myself, not a Seraf:
And against all the gods of Egypt	
I will execute judgments	I Myself, not a messenger;
I am the Lord	I am He, no other.

WITH A MIGHTY HAND

this refers to the cattle plague,
as it is said:
"Behold, the HAND of the Lord *Ex. 9*
will be on your cattle in the field,
upon the horses, upon the asses, upon the camels,
upon the oxen, and upon the sheep:
there shall be a very grievous plague."

AND WITH AN OUTSTRETCHED ARM

that refers to the sword,
as it is said:
"And a drawn sword in His hand *1 Chr. 21*
STRETCHED OUT over Jerusalem."

שֶׁנֶּאֱמַר
וְעָבַרְתִּי בְאֶרֶץ־מִצְרַיִם בַּלַּיְלָה הַזֶּה שמות יב
וְהִכֵּיתִי כָל־בְּכוֹר בְּאֶרֶץ מִצְרַיִם, מֵאָדָם וְעַד־בְּהֵמָה
וּבְכָל־אֱלֹהֵי מִצְרַיִם אֶעֱשֶׂה שְׁפָטִים
אֲנִי יהוה:

וְעָבַרְתִּי בְאֶרֶץ־מִצְרַיִם — אֲנִי וְלֹא מַלְאָךְ
וְהִכֵּיתִי כָל־בְּכוֹר — אֲנִי וְלֹא שָׂרָף
וּבְכָל־אֱלֹהֵי מִצְרַיִם אֶעֱשֶׂה שְׁפָטִים — אֲנִי וְלֹא הַשָּׁלִיחַ
אֲנִי יהוה — אֲנִי הוּא וְלֹא אַחֵר

בְּיָד חֲזָקָה

זוֹ הַדֶּבֶר
כְּמָה שֶׁנֶּאֱמַר
הִנֵּה יַד־יהוה הוֹיָה בְּמִקְנְךָ אֲשֶׁר בַּשָּׂדֶה שמות ט
בַּסּוּסִים בַּחֲמֹרִים בַּגְּמַלִּים, בַּבָּקָר וּבַצֹּאן
דֶּבֶר כָּבֵד מְאֹד:

וּבִזְרֹעַ נְטוּיָה

זוֹ הַחֶרֶב
כְּמָה שֶׁנֶּאֱמַר
וְחַרְבּוֹ שְׁלוּפָה בְּיָדוֹ דברי הימים א׳ כא
נְטוּיָה עַל־יְרוּשָׁלָםִ:

AND WITH GREAT TERROR

this refers to the feelings of the people
when God revealed before their eyes
the glory of His Presence,
as it is said:
"Or has God ventured to go and take Him a nation *Deut. 4*
from the midst of another nation,
by trials, by signs, and by wonders, and by wars,
and by a mighty hand, and by an outstretched arm,
and by **GREAT TERRORS**,
according to all that the LORD your God
did for you in Egypt,
before your eyes?"

AND WITH SIGNS

this refers to the rod,
as it is said:
"And you shall take in your hands this rod, *Ex. 4*
with which you shall do the **SIGNS**."

AND WITH WONDERS

this refers to the blood.
as it is said:
"And I will show **WONDERS** *Joel 3*
in the heavens and on the earth:

A drop of wine is spilled from the cup as each wonder is mentioned:

BLOOD, AND FIRE, AND PILLARS OF SMOKE."

וּבְמֹרָא גָּדֹל

זֶה גִּלּוּי שְׁכִינָה
כְּמָה שֶׁנֶּאֱמַר
אוֹ הֲנִסָּה אֱלֹהִים לָבוֹא לָקַחַת לוֹ גוֹי מִקֶּרֶב גּוֹי דברים ד
בְּמַסֹּת בְּאֹתֹת וּבְמוֹפְתִים וּבְמִלְחָמָה
וּבְיָד חֲזָקָה, וּבִזְרוֹעַ נְטוּיָה
וּבְמוֹרָאִים גְּדֹלִים
כְּכֹל אֲשֶׁר־עָשָׂה לָכֶם יהוה אֱלֹהֵיכֶם בְּמִצְרַיִם
לְעֵינֶיךָ:

וּבְאֹתוֹת

זֶה הַמַּטֶּה
כְּמָה שֶׁנֶּאֱמַר
וְאֶת־הַמַּטֶּה הַזֶּה תִּקַּח בְּיָדֶךָ שמות ד
אֲשֶׁר תַּעֲשֶׂה־בּוֹ אֶת־הָאֹתֹת:

וּבְמֹפְתִים

זֶה הַדָּם
כְּמָה שֶׁנֶּאֱמַר
וְנָתַתִּי מוֹפְתִים בַּשָּׁמַיִם וּבָאָרֶץ יואל ג

מטיפים יין מן הכוס שלוש פעמים ואומרים:

דָּם וָאֵשׁ וְתִימְרוֹת עָשָׁן:

Another explanation is as follows:

"mighty hand" *(two words)*	two plagues:
"outstretched arm" *(two words)*	another two:
"great terror" *(two words)*	another two:
"signs" *(the plural)*	another two:
"wonders" *(the plural)*	another two:

THAT MAKES UP THE TEN PLAGUES

which the Holy One, blessed is He, brought
on the Egyptians in Egypt.
And here they are:

A drop of wine is spilled from the cup as each plague, and each of the acronyms, Dezakh, Adash and Be'aḥav, is mentioned:

BLOOD FROGS LICE

BEASTS CATTLE-PLAGUE BOILS

HAIL LOCUSTS DARKNESS

SLAYING OF THE FIRSTBORN

Rabbi Yehuda used to abbreviate them as follows:

DEZAKH ADASH BE'AḤAV

דָּבָר אַחֵר

בְּיָד חֲזָקָה שְׁתַּיִם
וּבִזְרֹעַ נְטוּיָה שְׁתַּיִם
וּבְמֹרָא גָּדֹל שְׁתַּיִם
וּבְאֹתוֹת שְׁתַּיִם
וּבְמֹפְתִים שְׁתַּיִם

אֵלּוּ עֶשֶׂר מַכּוֹת

שֶׁהֵבִיא הַקָּדוֹשׁ בָּרוּךְ הוּא
עַל הַמִּצְרִים בְּמִצְרַיִם
וְאֵלּוּ הֵן

מטיפים יין מן הכוס על כל מכה ומכה
ועל "דצ"ך עד"ש באח"ב" ואומרים:

דָּם צְפַרְדֵּעַ כִּנִּים
עָרוֹב דֶּבֶר שְׁחִין
בָּרָד אַרְבֶּה חֹשֶׁךְ
מַכַּת בְּכוֹרוֹת.

רַבִּי יְהוּדָה הָיָה נוֹתֵן בָּהֶם סִימָנִים

דְּצַ"ךְ עֲדַ"שׁ בְּאַחַ"ב

RABBI Yose the Galilean asked,

How can we tell
that the Egyptians who were punished
with ten plagues in Egypt,
were afterward punished with fifty at the sea?

In Egypt what expression was used?
"Then the magicians said to Pharaoh, *Ex. 8*
That is the **FINGER** of God."

At the sea what expression was used?
"And Israel saw the great **HAND** *Ex. 14*
which the LORD laid on Egypt:
and the people feared the LORD,
and they believed in the LORD
and in His servant Moses."

Now what punishment
did they receive from the finger?
Ten plagues.
Deduce from this that
if they had TEN plagues (from the FINGER),
then at the sea, where it says (HAND),
they must have had FIFTY plagues!

יוֹסֵי הַגְּלִילִי אוֹמֵר

מִנַּיִן אַתָּה אוֹמֵר
שֶׁלָּקוּ הַמִּצְרִים בְּמִצְרַיִם עֶשֶׂר מַכּוֹת
וְעַל הַיָּם לָקוּ חֲמִשִּׁים מַכּוֹת

בְּמִצְרַיִם
מַה הוּא אוֹמֵר
וַיֹּאמְרוּ הַחַרְטֻמִּם אֶל־פַּרְעֹה אֶצְבַּע אֱלֹהִים הִוא: שמות ח

וְעַל הַיָּם
מַה הוּא אוֹמֵר
וַיַּרְא יִשְׂרָאֵל אֶת־הַיָּד הַגְּדֹלָה שמות יד
אֲשֶׁר עָשָׂה יהוה בְּמִצְרַיִם
וַיִּירְאוּ הָעָם אֶת־יהוה
וַיַּאֲמִינוּ בַּיהוה וּבְמֹשֶׁה עַבְדּוֹ:

כַּמָּה לָקוּ בְּאֶצְבַּע
עֶשֶׂר מַכּוֹת.
אֱמֹר מֵעַתָּה
בְּמִצְרַיִם לָקוּ עֶשֶׂר מַכּוֹת
וְעַל הַיָּם לָקוּ חֲמִשִּׁים מַכּוֹת.

Rabbi Eliezer asked, How can we tell that every single plague
which the Holy One, blessed is He,
inflicted on the Egyptians in Egypt,
was in reality **FOUR** plagues?
We know this from the verse:
"He cast upon them His fierce anger: *Ps. 78*
wrath, and indignation, and trouble,
an embassy of evil messengers."

"Wrath"	makes	one
"indignation"	makes	two
"trouble"	makes	three
"an embassy of evil messengers"	makes	four.

Deduce from this
THAT IN EGYPT (WITH THE FINGER)
THEY MUST HAVE HAD IN REALITY FORTY PLAGUES,
AND AT THE SEA (WITH THE HAND)
THEY MUST HAVE HAD TWO HUNDRED PLAGUES!

Rabbi Akiva asked, How can we tell that every single plague
which the Holy One, blessed is He,
inflicted on the Egyptians in Egypt,
was in reality **FIVE** plagues?
We know this from the verse:
"He cast upon them *Ps. 78*
His fierce anger, wrath, and indignation, and trouble,
an embassy of evil messengers."

"Fierce anger"	makes	one
"wrath"	makes	two
"indignation"	makes	three
"trouble"	makes	four
"an embassy of evil messengers"	makes	five.

Deduce from this
THAT IN EGYPT (WITH THE FINGER)
THEY MUST HAVE HAD FIFTY PLAGUES,
AND AT THE SEA (WITH THE HAND)
THEY MUST HAVE HAD TWO HUNDRED AND FIFTY PLAGUES!

רַבִּי אֱלִיעֶזֶר אוֹמֵר מִנַּיִן שֶׁכָּל מַכָּה וּמַכָּה
שֶׁהֵבִיא הַקָּדוֹשׁ בָּרוּךְ הוּא עַל הַמִּצְרִים בְּמִצְרַיִם
הָיְתָה שֶׁל אַרְבַּע מַכּוֹת
שֶׁנֶּאֱמַר: יְשַׁלַּח־בָּם חֲרוֹן אַפּוֹ תהלים עח
עֶבְרָה וָזַעַם וְצָרָה, מִשְׁלַחַת מַלְאֲכֵי רָעִים:
עֶבְרָה אַחַת
וָזַעַם שְׁתַּיִם
וְצָרָה שָׁלוֹשׁ
מִשְׁלַחַת מַלְאֲכֵי רָעִים אַרְבַּע
אֱמוֹר מֵעַתָּה
בְּמִצְרַיִם לָקוּ אַרְבָּעִים מַכּוֹת
וְעַל הַיָּם לָקוּ מָאתַיִם מַכּוֹת.

רַבִּי עֲקִיבָא אוֹמֵר מִנַּיִן שֶׁכָּל מַכָּה וּמַכָּה
שֶׁהֵבִיא הַקָּדוֹשׁ בָּרוּךְ הוּא עַל הַמִּצְרִים בְּמִצְרַיִם
הָיְתָה שֶׁל חָמֵשׁ מַכּוֹת
שֶׁנֶּאֱמַר: יְשַׁלַּח־בָּם תהלים עח
חֲרוֹן אַפּוֹ, עֶבְרָה וָזַעַם וְצָרָה, מִשְׁלַחַת מַלְאֲכֵי רָעִים:
חֲרוֹן אַפּוֹ אַחַת
עֶבְרָה שְׁתַּיִם
וָזַעַם שָׁלוֹשׁ
וְצָרָה אַרְבַּע
מִשְׁלַחַת מַלְאֲכֵי רָעִים חָמֵשׁ
אֱמוֹר מֵעַתָּה
בְּמִצְרַיִם לָקוּ חֲמִשִּׁים מַכּוֹת
וְעַל הַיָּם לָקוּ חֲמִשִּׁים וּמָאתַיִם מַכּוֹת.

HOW MANY GOOD THINGS HAS THE ALMIGHTY SHOWERED ON US!

IF He had brought us out of Egypt,
BUT without bringing judgments on our enemies **GOOD ENOUGH**

IF He had brought judgments down on them,
BUT without judging their idols **GOOD ENOUGH**

IF He had judged their idols,
BUT without slaying their firstborn **GOOD ENOUGH**

IF He had slain their firstborn,
BUT without giving us their wealth **GOOD ENOUGH**

IF He had given us their wealth,
BUT without dividing the sea for us **GOOD ENOUGH**

IF He had divided the sea for us,
BUT without leading us across on dry land **GOOD ENOUGH**

IF He had led us across on dry land,
BUT without sinking our enemies in its depths **GOOD ENOUGH**

IF He had sunk our enemies in its depths,
BUT without supplying our needs in the desert,* **GOOD ENOUGH**

IF He had supplied our needs in the desert,*
BUT without feeding us with manna **GOOD ENOUGH**

IF He had fed us with manna,
BUT without granting us the Sabbath **GOOD ENOUGH**

IF He had granted us the Sabbath,
BUT without bringing us to Mount Sinai **GOOD ENOUGH**

IF He had brought us to Mount Sinai,
BUT without giving us the Torah **GOOD ENOUGH**

IF He had given us the Torah,
BUT without bringing us into the land of Israel **GOOD ENOUGH**

IF He had brought us into the land of Israel,
BUT without building us the Temple **GOOD ENOUGH**

* for forty years

כַּמָּה מַעֲלוֹת טוֹבוֹת לַמָּקוֹם עָלֵינוּ

אִלּוּ הוֹצִיאָנוּ מִמִּצְרַיִם וְלֹא עָשָׂה בָהֶם שְׁפָטִים דַּיֵּנוּ
אִלּוּ עָשָׂה בָהֶם שְׁפָטִים וְלֹא עָשָׂה בֵאלֹהֵיהֶם דַּיֵּנוּ
אִלּוּ עָשָׂה בֵאלֹהֵיהֶם וְלֹא הָרַג אֶת בְּכוֹרֵיהֶם דַּיֵּנוּ
אִלּוּ הָרַג אֶת בְּכוֹרֵיהֶם וְלֹא נָתַן לָנוּ אֶת מָמוֹנָם דַּיֵּנוּ
אִלּוּ נָתַן לָנוּ אֶת מָמוֹנָם וְלֹא קָרַע לָנוּ אֶת הַיָּם דַּיֵּנוּ
אִלּוּ קָרַע לָנוּ אֶת הַיָּם וְלֹא הֶעֱבִירָנוּ בְתוֹכוֹ בֶּחָרָבָה דַּיֵּנוּ
אִלּוּ הֶעֱבִירָנוּ בְתוֹכוֹ בֶּחָרָבָה וְלֹא שִׁקַּע צָרֵינוּ בְּתוֹכוֹ דַּיֵּנוּ
אִלּוּ שִׁקַּע צָרֵינוּ בְּתוֹכוֹ וְלֹא סִפֵּק צָרְכֵּנוּ בַּמִּדְבָּר* דַּיֵּנוּ
אִלּוּ סִפֵּק צָרְכֵּנוּ בַּמִּדְבָּר* וְלֹא הֶאֱכִילָנוּ אֶת הַמָּן דַּיֵּנוּ
אִלּוּ הֶאֱכִילָנוּ אֶת הַמָּן וְלֹא נָתַן לָנוּ אֶת הַשַּׁבָּת דַּיֵּנוּ
אִלּוּ נָתַן לָנוּ אֶת הַשַּׁבָּת וְלֹא קֵרְבָנוּ לִפְנֵי הַר סִינַי דַּיֵּנוּ
אִלּוּ קֵרְבָנוּ לִפְנֵי הַר סִינַי וְלֹא נָתַן לָנוּ אֶת הַתּוֹרָה דַּיֵּנוּ
אִלּוּ נָתַן לָנוּ אֶת הַתּוֹרָה וְלֹא הִכְנִיסָנוּ לְאֶרֶץ יִשְׂרָאֵל דַּיֵּנוּ
אִלּוּ הִכְנִיסָנוּ לְאֶרֶץ יִשְׂרָאֵל וְלֹא בָנָה לָנוּ אֶת בֵּית הַבְּחִירָה דַּיֵּנוּ

* אַרְבָּעִים שָׁנָה

עַל אַחַת כַּמָּה וְכַמָּה
טוֹבָה כְּפוּלָה וּמְכֻפֶּלֶת לַמָּקוֹם עָלֵינוּ

שֶׁהוֹצִיאָנוּ מִמִּצְרַיִם וְעָשָׂה בָהֶם שְׁפָטִים
וְעָשָׂה בֵאלֹהֵיהֶם וְהָרַג בְּכוֹרֵיהֶם
וְנָתַן לָנוּ אֶת מָמוֹנָם וְקָרַע לָנוּ אֶת הַיָּם
וְהֶעֱבִירָנוּ בְתוֹכוֹ בֶּחָרָבָה וְשִׁקַּע צָרֵינוּ בְּתוֹכוֹ
וְסִפֵּק צָרְכֵּנוּ בַּמִּדְבָּר אַרְבָּעִים שָׁנָה וְהֶאֱכִילָנוּ אֶת הַמָּן
וְנָתַן לָנוּ אֶת הַשַּׁבָּת וְקֵרְבָנוּ לִפְנֵי הַר סִינַי
וְנָתַן לָנוּ אֶת הַתּוֹרָה וְהִכְנִיסָנוּ לְאֶרֶץ יִשְׂרָאֵל
וּבָנָה לָנוּ אֶת בֵּית הַבְּחִירָה לְכַפֵּר עַל כָּל עֲוֹנוֹתֵינוּ.

HOW MUCH GREATER THEN, INCALCULABLY GREAT, ARE THE BENEFITS WHICH GOD DID SHOWER UPON US IN DOUBLE AND REDOUBLED MEASURE!

For He DID bring us out of Egypt;
He DID bring judgments down on our enemies;
He DID judge their idols;
He DID slay their firstborn;
He DID give us their wealth;
He DID divide the sea for us;
He DID lead us across on dry land;
He DID sink our enemies in its depths;
He DID supply our needs in the desert for forty years;
He DID feed us with manna;
He DID give us the Sabbath;
He DID bring us to Mount Sinai;
He DID give us the Torah;
He DID bring us to the land of Israel;
He DID build us the Temple,
to atone for all our sins.

Rabban Gamliel used to say,
Anyone who has not pronounced
these three words on Pesaḥ,
has not done his duty.
And here they are:

Pesaḥ Matza Maror

Pesaḥ

the offering which our ancestors used to eat
as long as the Temple stood –
What is the reason for that?
It is because the Holy One, blessed is He,
skipped over (pasaḥ)
the houses of our forefathers in Egypt,
as it is said:
"And you shall say it is the Pesaḥ sacrifice for the Lord, *Ex. 12*
who skipped over the houses of the children of Israel
in Egypt
when He smote Egypt,
and saved our houses.
And the people bowed down and worshiped."

רַבָּן גַּמְלִיאֵל הָיָה אוֹמֵר
כָּל שֶׁלֹּא אָמַר שְׁלוֹשָׁה דְבָרִים אֵלּוּ בַּפֶּסַח
לֹא יָצָא יְדֵי חוֹבָתוֹ
וְאֵלּוּ הֵן

פֶּסַח מַצָּה וּמָרוֹר

פֶּסַח

שֶׁהָיוּ אֲבוֹתֵינוּ אוֹכְלִים בִּזְמַן שֶׁבֵּית הַמִּקְדָּשׁ הָיָה קַיָּם
עַל שׁוּם מָה
עַל שׁוּם שֶׁפָּסַח הַקָּדוֹשׁ בָּרוּךְ הוּא
עַל בָּתֵּי אֲבוֹתֵינוּ בְּמִצְרַיִם
שֶׁנֶּאֱמַר
וַאֲמַרְתֶּם זֶבַח־פֶּסַח הוּא לַיהוה שמות יב
אֲשֶׁר פָּסַח עַל־בָּתֵּי בְנֵי־יִשְׂרָאֵל בְּמִצְרַיִם
בְּנָגְפּוֹ אֶת־מִצְרַיִם
וְאֶת־בָּתֵּינוּ הִצִּיל
וַיִּקֹּד הָעָם וַיִּשְׁתַּחֲווּ׃

The matzot are now lifted:

Matza

which we eat – What is the reason for that?
It is because the dough which our fathers prepared,
did not manage to ferment before
He revealed Himself to them, the Supreme King of kings,
the Holy One, blessed is He, and redeemed them,
as it is said:
"And they baked the dough *Ex. 12*
which they brought out from Egypt
into unleavened cakes, because it was not fermented:
because they were driven out of Egypt,
and they could not delay,
nor had they prepared for themselves any provision."

The bitter herb is now lifted:

Maror

which we eat – What is the reason for that?
It is because the Egyptians
embittered the lives of our forefathers in Egypt,
as it is said:
"And they made their lives bitter with hard bondage, *Ex. 1*
in mortar and in brick,
and in all manner of bondage in the field:
all their bondage wherein they made them serve was with rigor."

מגביה את המצות ואומר:

שֶׁאָנוּ אוֹכְלִים, עַל שׁוּם מָה
עַל שׁוּם שֶׁלֹּא הִסְפִּיק בְּצֵקָם שֶׁל אֲבוֹתֵינוּ לְהַחֲמִיץ
עַד שֶׁנִּגְלָה עֲלֵיהֶם מֶלֶךְ מַלְכֵי הַמְּלָכִים
הַקָּדוֹשׁ בָּרוּךְ הוּא, וּגְאָלָם
שֶׁנֶּאֱמַר
וַיֹּאפוּ אֶת־הַבָּצֵק אֲשֶׁר הוֹצִיאוּ מִמִּצְרַיִם עֻגֹת מַצּוֹת, כִּי לֹא חָמֵץ שמות יב
כִּי־גֹרְשׁוּ מִמִּצְרַיִם, וְלֹא יָכְלוּ לְהִתְמַהְמֵהַּ
וְגַם־צֵדָה לֹא־עָשׂוּ לָהֶם:

מגביה את המרור ואומר:

שֶׁאָנוּ אוֹכְלִים עַל שׁוּם מָה
עַל שׁוּם שֶׁמֵּרְרוּ הַמִּצְרִים אֶת חַיֵּי אֲבוֹתֵינוּ בְּמִצְרַיִם
שֶׁנֶּאֱמַר
וַיְמָרְרוּ אֶת־חַיֵּיהֶם בַּעֲבֹדָה קָשָׁה, בְּחֹמֶר וּבִלְבֵנִים שמות א
וּבְכָל־עֲבֹדָה בַּשָּׂדֶה
אֵת כָּל־עֲבֹדָתָם אֲשֶׁר־עָבְדוּ בָהֶם בְּפָרֶךְ:

In every single generation,

IT IS A MAN'S DUTY TO THINK OF HIMSELF AS ONE OF THOSE WHO CAME OUT OF EGYPT, *Pesaḥim 116b*

as it is said:
“And you shall tell your son *Ex. 13*
on that day,

saying,
‘This is because
of what the Lord did for ME
when I came out of Egypt.’”
For it is not only our fathers
whom the Holy One, blessed is He,
redeemed;
but we were also redeemed
with them,

as it is said:
“And He brought US out of there, *Deut. 6*
that He might bring US in,
to give US the land
which He promised
to our fathers.”

בְּכָל דּוֹר וָדוֹר

חַיָּב אָדָם לִרְאוֹת אֶת עַצְמוֹ כְּאִלּוּ הוּא יָצָא מִמִּצְרָיִם פסחים קטז:

שֶׁנֶּאֱמַר

וְהִגַּדְתָּ לְבִנְךָ שמות יג

בַּיּוֹם הַהוּא

לֵאמֹר

בַּעֲבוּר זֶה

עָשָׂה יהוה לִי

בְּצֵאתִי מִמִּצְרָיִם:

לֹא אֶת אֲבוֹתֵינוּ בִּלְבָד

גָּאַל הַקָּדוֹשׁ בָּרוּךְ הוּא

אֶלָּא

אַף אוֹתָנוּ גָּאַל עִמָּהֶם

שֶׁנֶּאֱמַר

וְאוֹתָנוּ הוֹצִיא מִשָּׁם דברים ו

לְמַעַן הָבִיא אֹתָנוּ

לָתֶת לָנוּ אֶת־הָאָרֶץ

אֲשֶׁר נִשְׁבַּע לַאֲבֹתֵינוּ:

מכסה את המצות ואוחז את הכוס ואומר:

לְפִיכָךְ אֲנַחְנוּ חַיָּבִים

לְהוֹדוֹת לְהַלֵּל לְשַׁבֵּחַ

לְפָאֵר לְרוֹמֵם לְהַדֵּר

לְבָרֵךְ לְעַלֵּה וּלְקַלֵּס

לְמִי שֶׁעָשָׂה לַאֲבוֹתֵינוּ וְלָנוּ אֶת כָּל הַנִּסִּים הָאֵלֶּה

הוֹצִיאָנוּ מֵעַבְדוּת לְחֵרוּת

מִיָּגוֹן לְשִׂמְחָה

מֵאֵבֶל לְיוֹם טוֹב

וּמֵאֲפֵלָה לְאוֹר גָּדוֹל

וּמִשִּׁעְבּוּד לִגְאֻלָּה

וְנֹאמַר לְפָנָיו שִׁירָה חֲדָשָׁה

הַלְלוּיָהּ.

מניח את הכוס מידו.

The matzot are covered and the cup is raised.

And therefore it is our duty

to thank to praise to laud

to glorify to exalt to acclaim

to bless to esteem and to honor

that One who did all these miracles for our fathers

and for us.

He brought us out

from slavery to freedom,

from grief to joy,

from mourning to festival,

from darkness to a great light,

and from bondage to salvation.

and therefore let us sing before Him a new song,

HALLELUYA!

The cup is put down.

תהלים קיג

הַלְלוּ עַבְדֵי יהוה, הַלְלוּ אֶת־שֵׁם יהוה:
יְהִי שֵׁם יהוה מְבֹרָךְ, מֵעַתָּה וְעַד־עוֹלָם:
מִמִּזְרַח־שֶׁמֶשׁ עַד־מְבוֹאוֹ, מְהֻלָּל שֵׁם יהוה:
רָם עַל־כָּל־גּוֹיִם יהוה, עַל הַשָּׁמַיִם כְּבוֹדוֹ:
מִי כַּיהוה אֱלֹהֵינוּ, הַמַּגְבִּיהִי לָשָׁבֶת:
הַמַּשְׁפִּילִי לִרְאוֹת, בַּשָּׁמַיִם וּבָאָרֶץ:
מְקִימִי מֵעָפָר דָּל, מֵאַשְׁפֹּת יָרִים אֶבְיוֹן:
לְהוֹשִׁיבִי עִם־נְדִיבִים, עִם נְדִיבֵי עַמּוֹ:
מוֹשִׁיבִי עֲקֶרֶת הַבַּיִת, אֵם־הַבָּנִים שְׂמֵחָה

הַלְלוּיָהּ:

Ps. 113

HALLELUYA

Give praise, O servants of the Lord, praise the name of the Lord.
Blessed be the name of the Lord from this time forth and for evermore.
From the rising of the sun to its setting,
the Lord's name is to be praised.
The Lord is high above all nations, and His glory is above the heavens.
Who is like the Lord our God, who is enthroned on high,
and yet looks far down to behold the things in heaven, and on the earth!
He raises up the poor out of the dust,
and lifts the needy out of the ash heaps;
That He may set him with nobles, with the nobles of His people.
He makes the barren woman to keep house,
a joyful mother of children.

HALLELUYA

When Israel went out of Egypt, *Ps. 114*
the house of Jacob,
from a people of strange language,

Yehuda became His sanctuary,
and Israel His dominion.

The sea saw it, and fled:
the Jordan was driven back.

The mountains skipped like rams,
the little hills like lambs.

What ails you, O sea, that you should flee?
You Jordan, that you are driven back?

You mountains, that you skip like rams;
and you little hills like lambs?

It was at the presence of the Lord, Creator of the earth,
at the presence of the God of Jacob,

who turned the rock into a pool of water,
the flint into a fountain of waters.

תהלים קיד

בְּצֵאת יִשְׂרָאֵל מִמִּצְרָיִם
בֵּית יַעֲקֹב מֵעַם לֹעֵז׃

הָיְתָה יְהוּדָה לְקָדְשׁוֹ
יִשְׂרָאֵל מַמְשְׁלוֹתָיו׃

הַיָּם רָאָה וַיָּנֹס
הַיַּרְדֵּן יִסֹּב לְאָחוֹר׃

הֶהָרִים רָקְדוּ כְאֵילִים
גְּבָעוֹת כִּבְנֵי־צֹאן׃

מַה־לְּךָ הַיָּם כִּי תָנוּס
הַיַּרְדֵּן תִּסֹּב לְאָחוֹר׃

הֶהָרִים תִּרְקְדוּ כְאֵילִים
גְּבָעוֹת כִּבְנֵי־צֹאן׃

מִלִּפְנֵי אָדוֹן חוּלִי אָרֶץ
מִלִּפְנֵי אֱלוֹהַּ יַעֲקֹב׃

הַהֹפְכִי הַצּוּר אֲגַם־מָיִם
חַלָּמִישׁ לְמַעְיְנוֹ־מָיִם׃

The cup is raised:

Blessed are You, LORD our God,
King of the Universe,
who has redeemed us,
and redeemed our fathers from Egypt,
and has brought us safely to this night
on which we eat matza and maror:
likewise, O LORD our God, and God of our fathers,
grant that we may live to celebrate
many other festivals and holy days,
coming peacefully on their way to meet us;
that we may have the joy of rebuilding Your city,
and the delight of witnessing Your Temple service:
and that we may eat there of the festive sacrifices,
and of the Pesaḥ sacrifices,
whose blood is sprinkled
on the wall of Your altar for favor.
And we shall thankfully sing
a new song
for our redemption
and for the salvation of our souls.
Blessed are You, O God, who has redeemed Israel.

I am hereby prepared and ready to fulfill the commandment of the second of the four cups.
For the sake of the unification of the Holy One, blessed be He, and His Divine Presence,
through that which is hidden and concealed, in the name of all Israel.

Blessed are You, LORD our God, King of the Universe,
who creates the produce of the vine.

Drink while reclining to the left.

אוחז את הכוס ואומר:

בָּרוּךְ אַתָּה יהוה אֱלֹהֵינוּ מֶלֶךְ הָעוֹלָם
אֲשֶׁר גְּאָלָנוּ, וְגָאַל אֶת אֲבוֹתֵינוּ מִמִּצְרַיִם
וְהִגִּיעָנוּ הַלַּיְלָה הַזֶּה, לֶאֱכֹל בּוֹ מַצָּה וּמָרוֹר.
כֵּן יהוה אֱלֹהֵינוּ וֵאלֹהֵי אֲבוֹתֵינוּ
יַגִּיעֵנוּ לְמוֹעֲדִים וְלִרְגָלִים אֲחֵרִים
הַבָּאִים לִקְרָאתֵנוּ לְשָׁלוֹם
שְׂמֵחִים בְּבִנְיַן עִירֶךָ
וְשָׂשִׂים בַּעֲבוֹדָתֶךָ
וְנֹאכַל שָׁם
מִן הַזְּבָחִים וּמִן הַפְּסָחִים
אֲשֶׁר יַגִּיעַ דָּמָם
עַל קִיר מִזְבַּחֲךָ לְרָצוֹן
וְנוֹדֶה לְּךָ
שִׁיר חָדָשׁ
עַל גְּאֻלָּתֵנוּ וְעַל פְּדוּת נַפְשֵׁנוּ
בָּרוּךְ אַתָּה יהוה, גָּאַל יִשְׂרָאֵל.

הנני מוכן ומזומן לקיים מצוות כוס שני של ארבע כוסות.
לשם ייחוד קודשא בריך הוא ושכינתיה על ידי ההוא טמיר ונעלם בשם כל ישראל.

בָּרוּךְ אַתָּה יהוה אֱלֹהֵינוּ מֶלֶךְ הָעוֹלָם, בּוֹרֵא פְּרִי הַגָּפֶן.

שותים בהסבת שמאל.

WASHING THE HANDS *In preparation for the meal, all participants wash their hands and recite the blessing:*

Blessed are You, Lord our God, King of the Universe,
who has made us holy through His commandments,
and has commanded us to cleanse the hands.

BLESSINGS OVER THE THREE MATZOT: *The leader holds all three matzot and recites:*

I am hereby prepared and ready to fulfill the commandment of eating the matza. For the sake of the unification of the Holy One, blessed be He, and His Divine Presence, through that which is hidden and concealed, in the name of all Israel.

Blessed are You, Lord our God, King of the Universe,
who brings forth bread from the earth.

The lowermost matza is replaced.
The leader recites the following blessing while holding the uppermost and middle matzot:

Blessed are You, Lord our God, King of the Universe,
who has made us holy through His commandments,
and has commanded us to eat matza.

A piece of the uppermost matza, together with a piece of the middle matza, is given to each member of the company. Eat while reclining to the left.

EATING THE BITTER HERB *The maror is dipped in the ḥaroset before it is eaten.*

I am hereby prepared and ready to fulfill the commandment of eating the maror. For the sake of the unification of the Holy One, blessed be He, and His Divine Presence, through that which is hidden and concealed, in the name of all Israel.

Blessed are You, Lord our God, King of the Universe,
who has made us holy through His commandments,
and has commanded us to eat the bitter herb.

THE "SANDWICH" *Bitter herbs are sandwiched between two pieces of matza taken from the lowermost matza.*

In commemoration of the Temple by Hillel:
During the Temple period he used to eat of the Pesaḥ lamb,
the matza and the maror all together,
in accordance with the biblical verse:
... and eat it (the Pesaḥ lamb) with matza and bitter herbs. *Num. 9*

Eat while reclining to the left.

THE FESTIVE MEAL *The festive meal is now eaten.*

רחצה נוטלים את הידיים לסעודה ומברכים:

בָּרוּךְ אַתָּה יהוה אֱלֹהֵינוּ מֶלֶךְ הָעוֹלָם
אֲשֶׁר קִדְּשָׁנוּ בְּמִצְוֹתָיו, וְצִוָּנוּ עַל נְטִילַת יָדָיִם.

מוציא מצה נוטל את שלוש המצות:

הנני מוכן ומזומן לקיים מצוות אכילת מצה.
לשם ייחוד קודשא בריך הוא ושכינתיה על ידי ההוא טמיר ונעלם בשם כל ישראל.

בָּרוּךְ אַתָּה יהוה אֱלֹהֵינוּ מֶלֶךְ הָעוֹלָם
הַמּוֹצִיא לֶחֶם מִן הָאָרֶץ.

מניח את המצה התחתונה מידו ואוחז את העליונה ואת האמצעית ומברך:

בָּרוּךְ אַתָּה יהוה אֱלֹהֵינוּ מֶלֶךְ הָעוֹלָם
אֲשֶׁר קִדְּשָׁנוּ בְּמִצְוֹתָיו, וְצִוָּנוּ עַל אֲכִילַת מַצָּה.

נוטל לעצמו ונותן לכל אחד מן המסובים כזית מן המצה העליונה
וכזית מן האמצעית, ואוכלים בהסבת שמאל.

מרור נוטל כזית מרור לעצמו ולכל המסובים וטובלו בחרוסת:

הנני מוכן ומזומן לקיים מצוות אכילת מרור.
לשם ייחוד קודשא בריך הוא ושכינתיה על ידי ההוא טמיר ונעלם בשם כל ישראל.

בָּרוּךְ אַתָּה יהוה אֱלֹהֵינוּ מֶלֶךְ הָעוֹלָם
אֲשֶׁר קִדְּשָׁנוּ בְּמִצְוֹתָיו, וְצִוָּנוּ עַל אֲכִילַת מָרוֹר.

כורך בוצע את המצה התחתונה, נוטל ממנה כזית וכורך עמה כזית מן המרור, מחלק למסובים
(או שכל אחד מהם נוטל מן המצה השמורה שלפניו וכורך) ואומר:

זֵכֶר לְמִקְדָּשׁ כְּהִלֵּל.
כֵּן עָשָׂה הִלֵּל בִּזְמַן שֶׁבֵּית הַמִּקְדָּשׁ הָיָה קַיָּם
הָיָה כּוֹרֵךְ פֶּסַח, מַצָּה וּמָרוֹר, וְאוֹכֵל בְּיַחַד
לְקַיֵּם מַה שֶּׁנֶּאֱמַר: עַל־מַצּוֹת וּמְרֹרִים יֹאכְלֻהוּ: במדבר ט

אוכלים בהסבת שמאל.

שלחן עורך אוכלים ושותים כברכת ה׳.

THE HIDDEN PORTION

At the end of the meal, the remaining piece of the middle matza which had been hidden earlier (the Afikoman), is eaten.

I am hereby prepared and ready to fulfill the commandment of eating the Afikoman.
For the sake of the unification of the Holy One, blessed be He, and His Divine Presence,
through that which is hidden and concealed, in the name of all Israel.

GRACE AFTER MEALS

The third cup of wine is poured.

I am hereby prepared and ready to fulfill the positive commandment of Grace after Meals.
As it is written in the Torah:
"And you shall eat and be satisfied and bless the LORD your God,
for the good land which He has given you."
For the sake of the unification of the Holy One, blessed be He, and His Divine Presence,
through that which is hidden and concealed, in the name of all Israel.

A SONG OF ASCENTS. *Ps. 126*

When the LORD brought back the exiles of Zion,
we were like people who dream.
Then were our mouths filled with laughter,
and our tongues with songs of joy.
Then was it said among the nations,
"The LORD has done great things for them."
The LORD did do great things for us and we rejoiced.
Bring back our exiles, LORD, like streams in a dry land.
May those who sowed in tears, reap in joy.
May one who goes out weeping, carrying a bag of seed,
come back with songs of joy, carrying his sheaves.

Some add:

My mouth shall speak the praise of God, *Ps. 145*
and all creatures shall bless His holy name
for ever and all time.
We will bless God now and for ever. Halleluya! *Ps. 115*
Thank the LORD for He is good: *Ps. 136*
His loving-kindness is for ever.
Who can tell of the LORD's mighty acts *Ps. 106*
and make all His praise be heard?

צפון בגמר הסעודה מוציא את פרוסת המצה שהצפין לאפיקומן,
נוטל כשני זיתים ונותן גם למסובים
(או שהם נוטלים מן המצה השמורה שלפניהם), ואומרים:

הנני מוכן ומזומן לקיים מצוות אכילת אפיקומן.
לשם ייחוד קודשא בריך הוא ושכינתיה על ידי ההוא טמיר ונעלם בשם כל ישראל.

ברך מוזגים כוס שלישי ונוטלים מים אחרונים. אוחז את הכוס בימינו ואומר:

הנני מוכן ומזומן לקיים מצוות עשה של ברכת המזון
כמו שכתוב בתורה
ואכלת ושבעת ובירכת את יהוה אלהיך
על הארץ הטובה אשר נתן לך.
לשם ייחוד קודשא בריך הוא ושכינתיה על ידי ההוא טמיר ונעלם בשם כל ישראל.

שִׁיר הַמַּעֲלוֹת תהלים קכו

בְּשׁוּב יהוה אֶת־שִׁיבַת צִיּוֹן, הָיִינוּ כְּחֹלְמִים:
אָז יִמָּלֵא שְׂחוֹק פִּינוּ וּלְשׁוֹנֵנוּ רִנָּה
אָז יֹאמְרוּ בַגּוֹיִם הִגְדִּיל יהוה לַעֲשׂוֹת עִם־אֵלֶּה:
הִגְדִּיל יהוה לַעֲשׂוֹת עִמָּנוּ, הָיִינוּ שְׂמֵחִים:
שׁוּבָה יהוה אֶת־שְׁבִיתֵנוּ, כַּאֲפִיקִים בַּנֶּגֶב:
הַזֹּרְעִים בְּדִמְעָה, בְּרִנָּה יִקְצֹרוּ:
הָלוֹךְ יֵלֵךְ וּבָכֹה נֹשֵׂא מֶשֶׁךְ־הַזָּרַע
בֹּא־יָבֹא בְרִנָּה נֹשֵׂא אֲלֻמֹּתָיו:

יש מוסיפים:

תְּהִלַּת יהוה יְדַבֶּר פִּי תהלים קמה
וִיבָרֵךְ כָּל־בָּשָׂר שֵׁם קָדְשׁוֹ
לְעוֹלָם וָעֶד:
וַאֲנַחְנוּ נְבָרֵךְ יָהּ מֵעַתָּה וְעַד־עוֹלָם, הַלְלוּיָהּ: תהלים קטו
הוֹדוּ לַיהוה כִּי־טוֹב, כִּי לְעוֹלָם חַסְדּוֹ: תהלים קלו
מִי יְמַלֵּל גְּבוּרוֹת יהוה, יַשְׁמִיעַ כָּל־תְּהִלָּתוֹ: תהלים קו

שלושה שאכלו כאחד חייבים לזמן:

המזמן: **רַבּוֹתַי, נְבָרֵךְ.**

המסובים: **יְהִי שֵׁם יהוה מְבֹרָךְ מֵעַתָּה וְעַד־עוֹלָם:** תהלים קיג

המזמן: **יְהִי שֵׁם יהוה מְבֹרָךְ מֵעַתָּה וְעַד־עוֹלָם:**
בִּרְשׁוּת (**אָבִי מוֹרִי / אִמִּי מוֹרָתִי / כֹּהֲנִים / מוֹרֵנוּ הָרַב / בַּעַל הַבַּיִת הַזֶּה / בַּעֲלַת הַבַּיִת הַזֶּה**)
מָרָנָן וְרַבָּנָן וְרַבּוֹתַי נְבָרֵךְ (במניין: **אֱלֹהֵינוּ**) **שֶׁאָכַלְנוּ מִשֶּׁלוֹ.**

המסובים: **בָּרוּךְ** (במניין: **אֱלֹהֵינוּ**) **שֶׁאָכַלְנוּ מִשֶּׁלוֹ וּבְטוּבוֹ חָיִינוּ.**

המזמן: **בָּרוּךְ** (במניין: **אֱלֹהֵינוּ**) **שֶׁאָכַלְנוּ מִשֶּׁלוֹ וּבְטוּבוֹ חָיִינוּ.**
בָּרוּךְ הוּא וּבָרוּךְ שְׁמוֹ.

When three adult males are present, the leader announces:

Leader: Gentlemen: Let us say Grace!

Ps. 113 *Others:* May the name of the LORD be blessed from now on and forever.

Leader: May the name of the LORD be blessed from now on and forever.
With your permission, (my father and teacher / my mother and teacher / the Kohanim present / our teacher the Rabbi / the master of this house / the mistress of this house)
my masters and teachers,
we will now bless Him (*In a minyan:* **our God**)
of whose bounty we have eaten.

Others: Blessed is He (*In a minyan:* our God) of whose bounty we have eaten and by whose goodness we live.

Leader: Blessed is He (*In a minyan:* our God) of whose bounty we have eaten and by whose goodness we live.
Blessed is He, and blessed is His name.

BLESSED are You, LORD our God, King of the Universe,
who nourishes the whole world in His goodness,
in grace, in steadfast love, and in mercy.
He gives bread to all flesh, for his steadfast love endures forever.
And through His great goodness,
we have never been in want;
now may we never be in want of food forever,
for the sake of His great name.
For He it is who feeds and sustains all,
and who provides food for all the creatures which He has created.
Blessed are You, O LORD, who provides food for all.

LET US GIVE THANKS TO YOU, LORD our God,
because You gave our fathers for their inheritance,
a fair, good, and ample land;
and because You, O LORD our God,
brought us out of the land of Egypt
and redeemed us from the house of bondage.
Let us give thanks to You
for Your covenant sealed in our flesh,
and for Your Torah which You have taught us,
and for Your statutes which You have made known to us,
and for the life, the favor, and the steadfast love
which You have graciously bestowed on us,
and for the food we eat with which You nourish
and sustain us, always, now, and at every day and hour.

For all this, O LORD our God,
we thank You, and we bless You.
Blessed be Your name in the mouth of all living things,
at all times, forever!
As it is written: "And you shall bless the LORD your God, *Deut. 8*
for the good land which He has given you."
Blessed are You, O LORD, for that land and for that nourishment.

בָּרוּךְ אַתָּה יהוה אֱלֹהֵינוּ מֶלֶךְ הָעוֹלָם
הַזָּן אֶת הָעוֹלָם כֻּלּוֹ בְּטוּבוֹ בְּחֵן בְּחֶסֶד וּבְרַחֲמִים
הוּא נוֹתֵן לֶחֶם לְכָל בָּשָׂר כִּי לְעוֹלָם חַסְדּוֹ.
וּבְטוּבוֹ הַגָּדוֹל, תָּמִיד לֹא חָסַר לָנוּ
וְאַל יֶחְסַר לָנוּ מָזוֹן לְעוֹלָם וָעֶד
בַּעֲבוּר שְׁמוֹ הַגָּדוֹל.
כִּי הוּא אֵל זָן וּמְפַרְנֵס לַכֹּל וּמֵטִיב לַכֹּל
וּמֵכִין מָזוֹן לְכָל בְּרִיּוֹתָיו אֲשֶׁר בָּרָא.
בָּרוּךְ אַתָּה יהוה, הַזָּן אֶת הַכֹּל.

נוֹדֶה לְּךָ יהוה אֱלֹהֵינוּ
עַל שֶׁהִנְחַלְתָּ לַאֲבוֹתֵינוּ
אֶרֶץ חֶמְדָּה טוֹבָה וּרְחָבָה
וְעַל שֶׁהוֹצֵאתָנוּ יהוה אֱלֹהֵינוּ מֵאֶרֶץ מִצְרַיִם
וּפְדִיתָנוּ מִבֵּית עֲבָדִים
וְעַל בְּרִיתְךָ שֶׁחָתַמְתָּ בִּבְשָׂרֵנוּ
וְעַל תּוֹרָתְךָ שֶׁלִּמַּדְתָּנוּ
וְעַל חֻקֶּיךָ שֶׁהוֹדַעְתָּנוּ
וְעַל חַיִּים חֵן וָחֶסֶד שֶׁחוֹנַנְתָּנוּ
וְעַל אֲכִילַת מָזוֹן שָׁאַתָּה זָן וּמְפַרְנֵס אוֹתָנוּ תָּמִיד
בְּכָל יוֹם וּבְכָל עֵת וּבְכָל שָׁעָה.

וְעַל הַכֹּל, יהוה אֱלֹהֵינוּ
אֲנַחְנוּ מוֹדִים לָךְ וּמְבָרְכִים אוֹתָךְ
יִתְבָּרַךְ שִׁמְךָ בְּפִי כָּל חַי תָּמִיד לְעוֹלָם וָעֶד
כַּכָּתוּב: וְאָכַלְתָּ וְשָׂבָעְתָּ, וּבֵרַכְתָּ אֶת־יהוה אֱלֹהֶיךָ דברים ח
עַל־הָאָרֶץ הַטֹּבָה אֲשֶׁר נָתַן־לָךְ:
בָּרוּךְ אַתָּה יהוה, עַל הָאָרֶץ וְעַל הַמָּזוֹן.

HAVE MERCY, Lord our God,
on Your people Israel,
and on Your city, Jerusalem,
and on Zion, the dwelling place of Your glory,
and upon the royal house of David, Your anointed,
and upon the great and holy Temple called by Your name.
Our God, our Father,
tend us, sustain us, support us, maintain us, and relieve us.
And give us speedy relief,
O Lord our God, from all our troubles.
And do not constrain us,
we pray You, O Lord our God,
to seek gifts or loans from the hands of men of flesh and blood,
but only from Your full, open, holy, and ample hand.
Thus shall we never be put to shame, or be confounded forever.

On Shabbat add: **FAVOR US,** O Lord our God,
and fortify us with Your commandments,
and in particular with the commandment
relating to the seventh day,
this great and holy Sabbath,
for this day is accounted great and holy before You,
that we may cease from labor on it,
and rest on it, in love, according to Your will.
May it be Your will,
to grant us repose on this day, O Lord our God,
so that no trouble, sorrow, or grief
should mar our day of rest.
And grant that we may see, O Lord our God,
the consolation of Your city of Zion,
and the rebuilding of Your holy city of Jerusalem.
For You are the Lord of salvations and of comforts.

רַחֶם נָא יהוה אֱלֹהֵינוּ
עַל יִשְׂרָאֵל עַמֶּךָ
וְעַל יְרוּשָׁלַיִם עִירֶךָ
וְעַל צִיּוֹן מִשְׁכַּן כְּבוֹדֶךָ
וְעַל מַלְכוּת בֵּית דָּוִד מְשִׁיחֶךָ
וְעַל הַבַּיִת הַגָּדוֹל וְהַקָּדוֹשׁ שֶׁנִּקְרָא שִׁמְךָ עָלָיו.
אֱלֹהֵינוּ, אָבִינוּ
רְעֵנוּ, זוּנֵנוּ, פַּרְנְסֵנוּ וְכַלְכְּלֵנוּ
וְהַרְוִיחֵנוּ, וְהַרְוַח לָנוּ יהוה אֱלֹהֵינוּ מְהֵרָה מִכָּל צָרוֹתֵינוּ.
וְנָא אַל תַּצְרִיכֵנוּ, יהוה אֱלֹהֵינוּ
לֹא לִידֵי מַתְּנַת בָּשָׂר וָדָם
וְלֹא לִידֵי הַלְוָאָתָם
כִּי אִם לְיָדְךָ הַמְּלֵאָה, הַפְּתוּחָה, הַקְּדוֹשָׁה וְהָרְחָבָה
שֶׁלֹּא נֵבוֹשׁ וְלֹא נִכָּלֵם לְעוֹלָם וָעֶד.

בשבת מוסיפים: **רְצֵה** וְהַחֲלִיצֵנוּ
יהוה אֱלֹהֵינוּ, בְּמִצְוֹתֶיךָ
וּבְמִצְוַת יוֹם הַשְּׁבִיעִי
הַשַּׁבָּת הַגָּדוֹל וְהַקָּדוֹשׁ הַזֶּה
כִּי יוֹם זֶה גָּדוֹל וְקָדוֹשׁ הוּא לְפָנֶיךָ
לִשְׁבָּת בּוֹ, וְלָנוּחַ בּוֹ בְּאַהֲבָה כְּמִצְוַת רְצוֹנֶךָ
וּבִרְצוֹנְךָ הָנִיחַ לָנוּ, יהוה אֱלֹהֵינוּ
שֶׁלֹּא תְהֵא צָרָה וְיָגוֹן וַאֲנָחָה בְּיוֹם מְנוּחָתֵנוּ
וְהַרְאֵנוּ, יהוה אֱלֹהֵינוּ, בְּנֶחָמַת צִיּוֹן עִירֶךָ
וּבְבִנְיַן יְרוּשָׁלַיִם עִיר קָדְשֶׁךָ
כִּי אַתָּה הוּא בַּעַל הַיְשׁוּעוֹת וּבַעַל הַנֶּחָמוֹת.

Our God and God of our fathers,
MAY THERE RISE, COME, reach, appear,
be favored, heard, regarded, and remembered before You,
our recollection and remembrance,
as well as the remembrance of our ancestors,
and of the anointed son of David Your servant,
and of Jerusalem Your holy city,
and of all Your people the house of Israel, rise, reach and ascend to You;
may they be seen, favorably accepted, heard, and called to mind,
for deliverance, for bounty, for grace, for love, for mercy,
for life, and for peace, on this Festival of Matzot.
Remember us, our God, on this day, for good,
and call us to mind, for blessing, and save us, for life.
With Your promise of salvation and mercy,
have gracious compassion on us, pity and deliver us.
For to You are our eyes turned,
for You are a merciful and gracious God and King.

And rebuild Jerusalem, the holy city, speedily in our days.
Blessed are You, O LORD, who, in His mercies,
will rebuild Jerusalem. Amen.

BLESSED are You, LORD our God, King of the Universe,
God, our Father, our King, our Sovereign,
our Creator, our Redeemer, our Maker;
our Holy One, the Holy One of Jacob;
our Shepherd, the Shepherd of Israel;
O King who is good and who does good to all; who at all times,
has done good, still does good, and ever will do good for us;
who has lavished, still lavishes, and ever will lavish
His kindness upon us forever,
in grace, in love, in mercy, and in deliverance;
may security, success, blessing, salvation, comfort, sustenance, support,
mercy, life, and peace, and all that is good attend us.
And may He never let us lack all that is good.

אֱלֹהֵינוּ וֵאלֹהֵי אֲבוֹתֵינוּ

יַעֲלֶה וְיָבוֹא וְיַגִּיעַ, וְיֵרָאֶה וְיֵרָצֶה וְיִשָּׁמַע, וְיִפָּקֵד
וְיִזָּכֵר זִכְרוֹנֵנוּ וּפִקְדוֹנֵנוּ, וְזִכְרוֹן אֲבוֹתֵינוּ
וְזִכְרוֹן מָשִׁיחַ בֶּן דָּוִד עַבְדֶּךָ
וְזִכְרוֹן יְרוּשָׁלַיִם עִיר קָדְשֶׁךָ
וְזִכְרוֹן כָּל עַמְּךָ בֵּית יִשְׂרָאֵל
לְפָנֶיךָ, לִפְלֵיטָה לְטוֹבָה, לְחֵן וּלְחֶסֶד וּלְרַחֲמִים
לְחַיִּים וּלְשָׁלוֹם בְּיוֹם
חַג הַמַּצּוֹת הַזֶּה.
זָכְרֵנוּ יהוה אֱלֹהֵינוּ בּוֹ לְטוֹבָה
וּפָקְדֵנוּ בוֹ לִבְרָכָה
וְהוֹשִׁיעֵנוּ בוֹ לְחַיִּים.
וּבִדְבַר יְשׁוּעָה וְרַחֲמִים, חוּס וְחָנֵּנוּ וְרַחֵם עָלֵינוּ, וְהוֹשִׁיעֵנוּ
כִּי אֵלֶיךָ עֵינֵינוּ, כִּי אֵל חַנּוּן וְרַחוּם אָתָּה.

וּבְנֵה יְרוּשָׁלַיִם עִיר הַקֹּדֶשׁ בִּמְהֵרָה בְיָמֵינוּ.
בָּרוּךְ אַתָּה יהוה, בּוֹנֵה בְרַחֲמָיו יְרוּשָׁלָיִם, אָמֵן.

בָּרוּךְ אַתָּה יהוה אֱלֹהֵינוּ מֶלֶךְ הָעוֹלָם
הָאֵל אָבִינוּ, מַלְכֵּנוּ, אַדִּירֵנוּ
בּוֹרְאֵנוּ, גּוֹאֲלֵנוּ, יוֹצְרֵנוּ, קְדוֹשֵׁנוּ, קְדוֹשׁ יַעֲקֹב
רוֹעֵנוּ, רוֹעֵה יִשְׂרָאֵל, הַמֶּלֶךְ הַטּוֹב וְהַמֵּיטִיב לַכֹּל, שֶׁבְּכָל יוֹם וָיוֹם
הוּא הֵיטִיב, הוּא מֵיטִיב, הוּא יֵיטִיב לָנוּ
הוּא גְמָלָנוּ, הוּא גוֹמְלֵנוּ, הוּא יִגְמְלֵנוּ לָעַד
לְחֵן וּלְחֶסֶד וּלְרַחֲמִים, וּלְרֶוַח, הַצָּלָה וְהַצְלָחָה
בְּרָכָה וִישׁוּעָה, נֶחָמָה, פַּרְנָסָה וְכַלְכָּלָה
וְרַחֲמִים וְחַיִּים וְשָׁלוֹם וְכָל טוֹב, וּמִכָּל טוּב לְעוֹלָם אַל יְחַסְּרֵנוּ.

MAY THE ALL-MERCIFUL
be our King forever!

MAY THE ALL-MERCIFUL
be blessed in heaven and on the earth!

MAY THE ALL-MERCIFUL
be praised to all generations,
and be glorified among us for all ages,
and be exalted through us for evermore!

MAY THE ALL-MERCIFUL
supply our needs with honor!

MAY THE ALL-MERCIFUL
break the yoke from our neck
and lead us upstanding to our own land!

MAY THE ALL-MERCIFUL
send a manifold blessing
upon this house and upon this table from which we have eaten!

MAY THE ALL-MERCIFUL
send us Elijah the prophet (let him be remembered for good)
who will bring us good tidings of salvation and comfort!

MAY THE ALL-MERCIFUL
bless the State of Israel,
first flowering of our redemption.

MAY THE ALL-MERCIFUL
bless the members of Israel's Defense Forces,
who stand guard over our land.

A guest says:
May it be Your will that the master of this house shall not suffer shame in this world, nor humiliation in the World to Come. May all he owns prosper greatly, and may his and our possessions be successful and close to hand. Let not the Accuser hold sway over his deeds or ours, and may no thought of sin, iniquity or transgression enter him or us from now and for evermore.

הָרַחֲמָן הוּא יִמְלֹךְ עָלֵינוּ לְעוֹלָם וָעֶד.

הָרַחֲמָן הוּא יִתְבָּרַךְ בַּשָּׁמַיִם וּבָאָרֶץ.

הָרַחֲמָן הוּא יִשְׁתַּבַּח לְדוֹר דּוֹרִים
וְיִתְפָּאַר בָּנוּ לָעַד וּלְנֵצַח נְצָחִים
וְיִתְהַדַּר בָּנוּ לָעַד וּלְעוֹלְמֵי עוֹלָמִים.

הָרַחֲמָן הוּא יְפַרְנְסֵנוּ בְּכָבוֹד.

הָרַחֲמָן הוּא יִשְׁבֹּר עֻלֵּנוּ מֵעַל צַוָּארֵנוּ
וְהוּא יוֹלִיכֵנוּ קוֹמְמִיּוּת לְאַרְצֵנוּ.

הָרַחֲמָן הוּא יִשְׁלַח לָנוּ
בְּרָכָה מְרֻבָּה בַּבַּיִת הַזֶּה
וְעַל שֻׁלְחָן זֶה שֶׁאָכַלְנוּ עָלָיו.

הָרַחֲמָן הוּא יִשְׁלַח לָנוּ
אֶת אֵלִיָּהוּ הַנָּבִיא זָכוּר לַטּוֹב
וִיבַשֶּׂר לָנוּ בְּשׂוֹרוֹת טוֹבוֹת יְשׁוּעוֹת וְנֶחָמוֹת.

הָרַחֲמָן הוּא יְבָרֵךְ
אֶת מְדִינַת יִשְׂרָאֵל
רֵאשִׁית צְמִיחַת גְּאֻלָּתֵנוּ.

הָרַחֲמָן הוּא יְבָרֵךְ
אֶת חַיָּלֵי צְבָא הַהֲגָנָה לְיִשְׂרָאֵל
הָעוֹמְדִים עַל מִשְׁמַר אַרְצֵנוּ.

אורח אומר:

יְהִי רָצוֹן שֶׁלֹּא יֵבוֹשׁ בַּעַל הַבַּיִת בָּעוֹלָם הַזֶּה, וְלֹא יִכָּלֵם לָעוֹלָם הַבָּא, וְיִצְלַח מְאֹד בְּכָל נְכָסָיו, וְיִהְיוּ נְכָסָיו וּנְכָסֵינוּ מֻצְלָחִים וּקְרוֹבִים לָעִיר, וְאַל יִשְׁלֹט שָׂטָן לֹא בְּמַעֲשֵׂה יָדָיו וְלֹא בְּמַעֲשֵׂה יָדֵינוּ. וְאַל יִזְדַּקֵּר לֹא לְפָנָיו וְלֹא לְפָנֵינוּ שׁוּם דְּבַר הִרְהוּר חֵטְא, עֲבֵירָה וְעָוֹן, מֵעַתָּה וְעַד עוֹלָם.

When eating at one's own table, say (include the words in parentheses that apply):

MAY THE ALL-MERCIFUL bless me, (my wife / my husband /
my father, my teacher / my mother, my teacher /
my children) and all that belongs to me!

Children at their parents' table say (include the words in parentheses that apply):

MAY THE ALL-MERCIFUL bless my father, my teacher
(the master of this house), and my mother, my teacher
(the mistress of this house), they and their abode,
their children and all that belongs to them!

A guest at someone else's table says (include the words in parentheses that apply):

MAY THE ALL-MERCIFUL bless the master of this house
(and the mistress of this house / and their children)
and all that belongs to them!

For all other guests, add:

and all the diners here, they and their abode,
their children and all that belongs to them!

bless us and all that is ours, as our fathers,
Abraham, Isaac, and Jacob, were blessed with all things.
So may He bless us all together with a perfect blessing.
And let us say, Amen.

MAY THEY ON HIGH plead our merits,
so as to make them a sure guarantee of our peace.
And may we obtain a blessing from the LORD,
and charity from the God of our salvation, and may we find grace
and good understanding in the eyes of God and man.

On Shabbat: **MAY THE ALL-MERCIFUL** bestow on us for our inheritance
a day of total Sabbath, and of rest in the eternal life!

Omit on Ḥol HaMo'ed:

MAY THE ALL-MERCIFUL bestow on us for our inheritance
a day of total goodness!

MAY THE ALL-MERCIFUL deem us worthy of seeing
the days of the Messiah, and the life of the world to come!

בעל הבית ובעלת הבית אומרים:

הָרַחֲמָן הוּא יְבָרֵךְ אוֹתִי
(וְאֶת אִשְׁתִּי / וְאֶת בַּעֲלִי / וְאֶת אָבִי מוֹרִי / וְאֶת אִמִּי מוֹרָתִי / וְאֶת זַרְעִי)
וְאֶת כָּל אֲשֶׁר לִי

ילדים האוכלים על שולחן הוריהם אומרים:

הָרַחֲמָן הוּא יְבָרֵךְ אֶת אָבִי מוֹרִי (בַּעַל הַבַּיִת הַזֶּה)
וְאֶת אִמִּי מוֹרָתִי (בַּעֲלַת הַבַּיִת הַזֶּה)
אוֹתָם וְאֶת בֵּיתָם וְאֶת זַרְעָם וְאֶת כָּל אֲשֶׁר לָהֶם

אורח אומר:

הָרַחֲמָן הוּא יְבָרֵךְ אֶת בַּעַל הַבַּיִת הַזֶּה, וְאֶת בַּעֲלַת הַבַּיִת הַזֶּה
אוֹתָם וְאֶת בֵּיתָם וְאֶת זַרְעָם וְאֶת כָּל אֲשֶׁר לָהֶם

אם יש אורחים נוספים, מוסיפים:

וְאֶת כָּל הַמְּסֻבִּין כָּאן
אוֹתָם וְאֶת בֵּיתָם וְאֶת זַרְעָם וְאֶת כָּל אֲשֶׁר לָהֶם

אוֹתָנוּ וְאֶת כָּל אֲשֶׁר לָנוּ כְּמוֹ שֶׁנִּתְבָּרְכוּ אֲבוֹתֵינוּ
אַבְרָהָם יִצְחָק וְיַעֲקֹב, בַּכֹּל, מִכֹּל, כֹּל
כֵּן יְבָרֵךְ אוֹתָנוּ כֻּלָּנוּ יַחַד בִּבְרָכָה שְׁלֵמָה,
וְנֹאמַר אָמֵן.

בַּמָּרוֹם יְלַמְּדוּ עֲלֵיהֶם וְעָלֵינוּ זְכוּת שֶׁתְּהֵא לְמִשְׁמֶרֶת שָׁלוֹם
וְנִשָּׂא בְרָכָה מֵאֵת יהוה וּצְדָקָה מֵאֱלֹהֵי יִשְׁעֵנוּ
וְנִמְצָא חֵן וְשֵׂכֶל טוֹב בְּעֵינֵי אֱלֹהִים וְאָדָם.

בשבת: הָרַחֲמָן הוּא יַנְחִילֵנוּ יוֹם שֶׁכֻּלּוֹ שַׁבָּת, וּמְנוּחָה לְחַיֵּי הָעוֹלָמִים.

בחול המועד אין אומרים:

הָרַחֲמָן הוּא יַנְחִילֵנוּ יוֹם שֶׁכֻּלּוֹ טוֹב.

הָרַחֲמָן הוּא יְזַכֵּנוּ לִימוֹת הַמָּשִׁיחַ וּלְחַיֵּי הָעוֹלָם הַבָּא.

מִגְדּוֹל יְשׁוּעוֹת מַלְכּוֹ וְעֹשֶׂה־חֶסֶד לִמְשִׁיחוֹ לְדָוִד וּלְזַרְעוֹ עַד־עוֹלָם: שמואל ב׳ כב
עֹשֶׂה שָׁלוֹם בִּמְרוֹמָיו הוּא יַעֲשֶׂה שָׁלוֹם עָלֵינוּ וְעַל כָּל יִשְׂרָאֵל וְאִמְרוּ אָמֵן.

יְראוּ אֶת־יהוה קְדֹשָׁיו כִּי־אֵין מַחְסוֹר לִירֵאָיו: תהלים לד
כְּפִירִים רָשׁוּ וְרָעֵבוּ וְדֹרְשֵׁי יהוה לֹא־יַחְסְרוּ כָל־טוֹב:
הוֹדוּ לַיהוה כִּי־טוֹב כִּי לְעוֹלָם חַסְדּוֹ: תהלים קיח
פּוֹתֵחַ אֶת־יָדֶךָ וּמַשְׂבִּיעַ לְכָל־חַי רָצוֹן: תהלים קמה
בָּרוּךְ הַגֶּבֶר אֲשֶׁר יִבְטַח בַּיהוה וְהָיָה יהוה מִבְטַחוֹ: ירמיה יז
נַעַר הָיִיתִי גַּם־זָקַנְתִּי וְלֹא־רָאִיתִי צַדִּיק נֶעֱזָב וְזַרְעוֹ מְבַקֶּשׁ־לָחֶם: תהלים לז
יהוה עֹז לְעַמּוֹ יִתֵּן יהוה יְבָרֵךְ אֶת־עַמּוֹ בַשָּׁלוֹם: תהלים כט

הנני מוכן ומזומן לקיים מצוות כוס שלישי של ארבע כוסות.
לשם ייחוד קודשא בריך הוא ושכינתיה על ידי ההוא טמיר ונעלם בשם כל ישראל.

בָּרוּךְ אַתָּה יהוה אֱלֹהֵינוּ מֶלֶךְ הָעוֹלָם בּוֹרֵא פְּרִי הַגָּפֶן.

שותים כוס שלישי בהסבת שמאל.

He is a tower of salvation for His king, II *Sam.* 22
and shows steadfast love to David and to his seed forever.
He who sheds peace in His heights,
may He grant peace to us and to all of Israel. And say, Amen!

FEAR the LORD, you saints of His; for those who fear Him have no lack. *Ps.* 34
The young lions lack, and suffer hunger,
but they who seek the Lord shall not want any good thing.
Give thanks to the LORD, for He is good, *Ps.* 118
for His steadfast love endures forever.
You open Your hand, and satisfy every living thing with favor. *Ps.* 145
Blessed is the man who trusts in the LORD, and whose trust the LORD is. *Jer.* 17
I have been young, and now I am old; *Ps.* 37
yet I have not seen a just man forsaken and his seed begging bread.
The LORD gives strength to His people; *Ps.* 29
the LORD blesses His people with peace.

I am hereby prepared and ready to fulfill the commandment of the third of the four cups. For the sake of the unification of the Holy One, blessed be He, and His Divine Presence, through that which is hidden and concealed, in the name of all Israel.

Blessed are You, LORD our God, King of the Universe,
who creates the produce of the vine. *Drink while reclining to the left.*

מוזגים כוסו של אליהו, פותחים את הדלת ואומרים:

תהלים עט חֲמָתְךָ אֶל־הַגּוֹיִם
אֲשֶׁר לֹא־יְדָעוּךָ
וְעַל מַמְלָכוֹת
אֲשֶׁר בְּשִׁמְךָ לֹא קָרָאוּ:
כִּי אָכַל אֶת־יַעֲקֹב
וְאֶת־נָוֵהוּ הֵשַׁמּוּ:

תהלים סט שְׁפָךְ־עֲלֵיהֶם זַעְמֶךָ
וַחֲרוֹן אַפְּךָ יַשִּׂיגֵם:
איכה ג תִּרְדֹּף בְּאַף
וְתַשְׁמִידֵם
מִתַּחַת שְׁמֵי יהוה:

A cup of wine is now poured in honor of Eliyahu, and the door opened.

Ps. 79 **Pour out**
Your wrath upon the nations that do not know You,
and on the kingdoms that do not call on Your name.
For they have devoured Jacob
and laid waste his dwelling place.
Ps. 69 **Pour out Your indignation upon them,**
and let Your fierce anger overtake them.
Lam. 3 Pursue them with wrath and destroy them,
from beneath the heavens of the Lord.

HALLEL

The fourth cup of wine is poured, and Hallel is completed.

Not to us, O Lord, not to us, *Ps. 115*
but to Your name give glory,
for Your steadfast love, and for Your truth.
Why should the nations say, Where now is their God?
But our God is in the heavens: He has done whatever He has willed.
Their idols are silver and gold, the work of men's hands.
They have mouths, but they cannot speak;
eyes have they, but they cannot see.
They have ears, but they cannot hear;
noses have they, but they cannot smell.
They have hands, but they cannot feel;
feet have they, but they cannot walk,
nor can they speak through their throat.
They who make them are like them;
so is everyone who trusts in them.
O Israel, trust in the Lord:
He is their help and their shield.
O house of Aaron, trust in the Lord:
He is their help and their shield.
You who fear the Lord, trust in the Lord:
He is their help and their shield.
The Lord has been mindful of us: He will bless us;
He will bless the house of Israel; He will bless the house of Aaron.
He will bless those who fear the Lord, both small and great.
May the Lord increase you more and more, you and your children.
May you be blessed of the Lord; who made the heaven and the earth.
The heavens are the heavens of the Lord,
but He has given the earth to the children of men.
The dead cannot praise the Lord, nor can any who go down into silence.
But we will bless the Lord from this time forth and for evermore.

HALLELUYA!

הלל

מוזגים כוס רביעי וגומרים עליו את ההלל:

לֹא לָנוּ יהוה לֹא לָנוּ תהלים קטו

כִּי־לְשִׁמְךָ תֵּן כָּבוֹד

עַל־חַסְדְּךָ עַל־אֲמִתֶּךָ:

לָמָּה יֹאמְרוּ הַגּוֹיִם אַיֵּה־נָא אֱלֹהֵיהֶם:

וֵאלֹהֵינוּ בַשָּׁמָיִם, כֹּל אֲשֶׁר־חָפֵץ עָשָׂה:

עֲצַבֵּיהֶם כֶּסֶף וְזָהָב, מַעֲשֵׂה יְדֵי אָדָם:

פֶּה־לָהֶם וְלֹא יְדַבֵּרוּ, עֵינַיִם לָהֶם וְלֹא יִרְאוּ:

אָזְנַיִם לָהֶם וְלֹא יִשְׁמָעוּ, אַף לָהֶם וְלֹא יְרִיחוּן:

יְדֵיהֶם וְלֹא יְמִישׁוּן, רַגְלֵיהֶם וְלֹא יְהַלֵּכוּ, לֹא־יֶהְגּוּ בִּגְרוֹנָם:

כְּמוֹהֶם יִהְיוּ עֹשֵׂיהֶם, כֹּל אֲשֶׁר־בֹּטֵחַ בָּהֶם:

יִשְׂרָאֵל בְּטַח בַּיהוה, עֶזְרָם וּמָגִנָּם הוּא:

בֵּית אַהֲרֹן בִּטְחוּ בַיהוה, עֶזְרָם וּמָגִנָּם הוּא:

יִרְאֵי יהוה בִּטְחוּ בַיהוה, עֶזְרָם וּמָגִנָּם הוּא:

יהוה זְכָרָנוּ יְבָרֵךְ

יְבָרֵךְ אֶת־בֵּית יִשְׂרָאֵל, יְבָרֵךְ אֶת־בֵּית אַהֲרֹן:

יְבָרֵךְ יִרְאֵי יהוה, הַקְּטַנִּים עִם־הַגְּדֹלִים:

יֹסֵף יהוה עֲלֵיכֶם, עֲלֵיכֶם וְעַל־בְּנֵיכֶם:

בְּרוּכִים אַתֶּם לַיהוה, עֹשֵׂה שָׁמַיִם וָאָרֶץ:

הַשָּׁמַיִם שָׁמַיִם לַיהוה, וְהָאָרֶץ נָתַן לִבְנֵי־אָדָם:

לֹא הַמֵּתִים יְהַלְלוּ־יָהּ, וְלֹא כָּל־יֹרְדֵי דוּמָה:

וַאֲנַחְנוּ נְבָרֵךְ יָהּ, מֵעַתָּה וְעַד־עוֹלָם

הַלְלוּיָהּ:

I love the Lord who hears my voice and my supplications. *Ps. 116*
Because He has inclined His ear to me,
therefore I will call upon Him as long as I live.
The cords of death surrounded me,
and the pains of She'ol seized upon me:
I found trouble and sorrow.
Then I called upon the name of the Lord;
O Lord, I beseech You, deliver my soul.
Gracious is the Lord, and just; and our God is merciful.
The Lord preserves the simple:
I was brought low, and He saved me.
Return to your rest, O my soul;
for the Lord has dealt bountifully with you.
For You have delivered my soul from death,
my eyes from tears, and my feet from falling.
I will walk before the Lord in the land of the living.
I kept faith even when I said, I am greatly afflicted.
I said in my haste, every man is false.
How can I repay the Lord for all His benefits toward me?
I will raise the cup of salvation and call upon the name of the Lord.
I will pay my vows to the Lord now in the presence of all His people.
Precious in the sight of the Lord is the death of His pious ones.
O Lord, truly I am Your servant;
I am Your servant, the son of Your handmaid:
You have loosed my bonds.
I will offer to you the sacrifice of thanksgiving,
and I will call upon the name of the Lord.
I will pay my vows to the Lord
in the presence of all His people,
In the courts of the Lord's house,
in your midst, Jerusalem.

HALLELUYA!

אָהַבְתִּי, כִּי־יִשְׁמַע יהוה, אֶת־קוֹלִי תַּחֲנוּנָי: תהלים קטז
כִּי־הִטָּה אָזְנוֹ לִי, וּבְיָמַי אֶקְרָא:
אֲפָפוּנִי חֶבְלֵי־מָוֶת, וּמְצָרֵי שְׁאוֹל מְצָאוּנִי, צָרָה וְיָגוֹן אֶמְצָא:
וּבְשֵׁם־יהוה אֶקְרָא, אָנָּה יהוה מַלְּטָה נַפְשִׁי:
חַנּוּן יהוה וְצַדִּיק, וֵאלֹהֵינוּ מְרַחֵם:
שֹׁמֵר פְּתָאִים יהוה, דַּלּוֹתִי וְלִי יְהוֹשִׁיעַ:
שׁוּבִי נַפְשִׁי לִמְנוּחָיְכִי, כִּי־יהוה גָּמַל עָלָיְכִי:
כִּי חִלַּצְתָּ נַפְשִׁי מִמָּוֶת
אֶת־עֵינִי מִן־דִּמְעָה
אֶת־רַגְלִי מִדֶּחִי:
אֶתְהַלֵּךְ לִפְנֵי יהוה, בְּאַרְצוֹת הַחַיִּים:
הֶאֱמַנְתִּי כִּי אֲדַבֵּר, אֲנִי עָנִיתִי מְאֹד:
אֲנִי אָמַרְתִּי בְחָפְזִי, כָּל־הָאָדָם כֹּזֵב:

מָה־אָשִׁיב לַיהוה, כָּל־תַּגְמוּלוֹהִי עָלָי:
כּוֹס־יְשׁוּעוֹת אֶשָּׂא, וּבְשֵׁם יהוה אֶקְרָא:
נְדָרַי לַיהוה אֲשַׁלֵּם, נֶגְדָה־נָּא לְכָל־עַמּוֹ:
יָקָר בְּעֵינֵי יהוה, הַמָּוְתָה לַחֲסִידָיו:
אָנָּה יהוה כִּי־אֲנִי עַבְדֶּךָ
אֲנִי־עַבְדְּךָ בֶּן־אֲמָתֶךָ, פִּתַּחְתָּ לְמוֹסֵרָי:
לְךָ־אֶזְבַּח זֶבַח תּוֹדָה, וּבְשֵׁם יהוה אֶקְרָא:
נְדָרַי לַיהוה אֲשַׁלֵּם, נֶגְדָה־נָּא לְכָל־עַמּוֹ:
בְּחַצְרוֹת בֵּית יהוה, בְּתוֹכֵכִי יְרוּשָׁלָיִם

הַלְלוּיָהּ:

O PRAISE *Ps. 117*

the Lord, all you nations:
praise Him, all you peoples.
For His love for us is great:
and the truth of the Lord endures forever.

HALLELUYA!

O give thanks to the Lord; for He is good: *Ps. 118*
FOR HIS STEADFAST LOVE ENDURES FOREVER.

Let Israel now say,
THAT HIS STEADFAST LOVE ENDURES FOREVER.

Let the house of Aaron now say,
THAT HIS STEADFAST LOVE ENDURES FOREVER.

Let those now who fear the Lord say,
THAT HIS STEADFAST LOVE ENDURES FOREVER.

Out of my distress I called upon the Lord:
the Lord answered me with liberation.
The Lord is on my side; I will not fear: what can a man do to me?
The Lord takes my part with those who help me:
therefore shall I gaze upon those who hate me.
It is better to take refuge in the Lord than to put confidence in man.
It is better to take refuge in the Lord than to trust in princes.
All nations compassed me about:
but in the name of the Lord I cut them off.
They compassed me about; indeed they surrounded me:
but in the name of the Lord I cut them off.
They compassed me about like bees;
they are quenched like a fire of thorns;
for in the name of the Lord I cut them off.
You did push me hard that I might fall: but the Lord helped me.
The Lord is my strength and song, and is become my salvation.

תהלים קיז

הַלְלוּ

אֶת־יהוה כׇּל־גּוֹיִם, שַׁבְּחוּהוּ כׇּל־הָאֻמִּים:
כִּי גָבַר עָלֵינוּ חַסְדּוֹ, וֶאֱמֶת־יהוה לְעוֹלָם

הַלְלוּיָהּ:

תהלים קיח

הוֹדוּ לַיהוה כִּי־טוֹב כִּי לְעוֹלָם חַסְדּוֹ:
יֹאמַר־נָא יִשְׂרָאֵל כִּי לְעוֹלָם חַסְדּוֹ:
יֹאמְרוּ־נָא בֵית־אַהֲרֹן כִּי לְעוֹלָם חַסְדּוֹ:
יֹאמְרוּ־נָא יִרְאֵי יהוה כִּי לְעוֹלָם חַסְדּוֹ:

מִן־הַמֵּצַר קָרָאתִי יָּהּ, עָנָנִי בַמֶּרְחָב יָהּ:
יהוה לִי לֹא אִירָא, מַה־יַּעֲשֶׂה לִי אָדָם:
יהוה לִי בְּעֹזְרָי, וַאֲנִי אֶרְאֶה בְשֹׂנְאָי:
טוֹב לַחֲסוֹת בַּיהוה, מִבְּטֹחַ בָּאָדָם:
טוֹב לַחֲסוֹת בַּיהוה, מִבְּטֹחַ בִּנְדִיבִים:
כׇּל־גּוֹיִם סְבָבוּנִי, בְּשֵׁם יהוה כִּי אֲמִילַם:
סַבּוּנִי גַם־סְבָבוּנִי, בְּשֵׁם יהוה כִּי אֲמִילַם:
סַבּוּנִי כִדְבֹרִים, דֹּעֲכוּ כְּאֵשׁ קוֹצִים
בְּשֵׁם יהוה כִּי אֲמִילַם:
דָּחֹה דְחִיתַנִי לִנְפֹּל, וַיהוה עֲזָרָנִי:
עָזִּי וְזִמְרָת יָהּ, וַיְהִי־לִי לִישׁוּעָה:

The voice of rejoicing and salvation is in the tents of the righteous:
the right hand of the Lord does valiantly.
The right hand of the Lord is exalted:
the right hand of the Lord does valiantly.
I shall not die, but live and declare the works of the Lord.
The Lord has chastised me severely:
but He has not given me up to death.
Open to me the gates of righteousness:
I will go into them, and I will praise the Lord:
This is the gate of the Lord: into which the righteous shall enter.

I will give thanks to You, for You have answered me,
and have become my salvation.
I WILL GIVE THANKS TO YOU, FOR YOU HAVE ANSWERED ME,
AND HAVE BECOME MY SALVATION.

The stone which the builders rejected
has become the headstone of the corner.
THE STONE WHICH THE BUILDERS REJECTED
HAS BECOME THE HEADSTONE OF THE CORNER.

This is the Lord's doing; it is marvellous in our eyes.
THIS IS THE LORD'S DOING; IT IS MARVELLOUS IN OUR EYES.

This is the day which the Lord has made; we will rejoice and be glad in it.
THIS IS THE DAY WHICH THE LORD HAS MADE;
WE WILL REJOICE AND BE GLAD IN IT.

SAVE US, O LORD, WE PRAY YOU.
SAVE US, O LORD, WE PRAY YOU.
WE PRAY YOU, O LORD, PROSPER US.
WE PRAY YOU, O LORD, PROSPER US.

קוֹל רִנָּה וִישׁוּעָה בְּאָהֳלֵי צַדִּיקִים, יְמִין יהוה עֹשָׂה חָיִל:
יְמִין יהוה רוֹמֵמָה, יְמִין יהוה עֹשָׂה חָיִל:
לֹא־אָמוּת כִּי־אֶחְיֶה, וַאֲסַפֵּר מַעֲשֵׂי יָהּ:
יַסֹּר יִסְּרַנִּי יָּהּ, וְלַמָּוֶת לֹא נְתָנָנִי:
פִּתְחוּ־לִי שַׁעֲרֵי־צֶדֶק, אָבֹא־בָם אוֹדֶה יָהּ:
זֶה־הַשַּׁעַר לַיהוה, צַדִּיקִים יָבֹאוּ בוֹ:

אוֹדְךָ כִּי עֲנִיתָנִי, וַתְּהִי־לִי לִישׁוּעָה:
אוֹדְךָ כִּי עֲנִיתָנִי, וַתְּהִי־לִי לִישׁוּעָה:

אֶבֶן מָאֲסוּ הַבּוֹנִים, הָיְתָה לְרֹאשׁ פִּנָּה:
אֶבֶן מָאֲסוּ הַבּוֹנִים, הָיְתָה לְרֹאשׁ פִּנָּה:

מֵאֵת יהוה הָיְתָה זֹּאת, הִיא נִפְלָאת בְּעֵינֵינוּ:
מֵאֵת יהוה הָיְתָה זֹּאת, הִיא נִפְלָאת בְּעֵינֵינוּ:

זֶה־הַיּוֹם עָשָׂה יהוה, נָגִילָה וְנִשְׂמְחָה בוֹ:
זֶה־הַיּוֹם עָשָׂה יהוה, נָגִילָה וְנִשְׂמְחָה בוֹ:

אָנָּא יהוה הוֹשִׁיעָה נָּא:
אָנָּא יהוה הוֹשִׁיעָה נָּא:
אָנָּא יהוה הַצְלִיחָה נָא:
אָנָּא יהוה הַצְלִיחָה נָא:

Blessed is he who comes in the name of the Lord:
we have blessed you out of the house of the Lord.

BLESSED IS HE WHO COMES IN THE NAME OF THE LORD:
WE HAVE BLESSED YOU OUT OF THE HOUSE OF THE LORD.

God is the Lord, who has shown us light:
bind the sacrifice with cords, to the horns of the altar.

GOD IS THE LORD, WHO HAS SHOWN US LIGHT:
BIND THE SACRIFICE WITH CORDS, TO THE HORNS OF THE ALTAR.

You are my God, and I will praise You: my God, I will exalt You.

YOU ARE MY GOD, AND I WILL PRAISE YOU: MY GOD, I WILL EXALT YOU.

O give thanks to the Lord; for He is good:
for His steadfast love endures forever.

O GIVE THANKS TO THE LORD; FOR HE IS GOOD:
FOR HIS STEADFAST LOVE ENDURES FOREVER.

May all Your creatures

PRAISE YOU;

together with Your pious and righteous ones who do Your will,
and may all Your people, the house of Israel,
give joyful thanks, and bless, and honor,
and glorify, and exalt, and reverence,
and sanctify, and esteem with royal tribute,
Your name, our King.
For to You it is good to give thanks,
and to Your name it is fitting to sing a melody,
for from everlasting to everlasting

YOU ARE GOD.

בָּרוּךְ הַבָּא בְּשֵׁם יהוה, בֵּרַכְנוּכֶם מִבֵּית יהוה:

בָּרוּךְ הַבָּא בְּשֵׁם יהוה, בֵּרַכְנוּכֶם מִבֵּית יהוה:

אֵל יהוה וַיָּאֶר לָנוּ, אִסְרוּ־חַג בַּעֲבֹתִים עַד־קַרְנוֹת הַמִּזְבֵּחַ:

אֵל יהוה וַיָּאֶר לָנוּ, אִסְרוּ־חַג בַּעֲבֹתִים עַד־קַרְנוֹת הַמִּזְבֵּחַ:

אֵלִי אַתָּה וְאוֹדֶךָּ, אֱלֹהַי אֲרוֹמְמֶךָּ:

אֵלִי אַתָּה וְאוֹדֶךָּ, אֱלֹהַי אֲרוֹמְמֶךָּ:

הוֹדוּ לַיהוה כִּי־טוֹב, כִּי לְעוֹלָם חַסְדּוֹ:

הוֹדוּ לַיהוה כִּי־טוֹב, כִּי לְעוֹלָם חַסְדּוֹ:

יְהַלְלוּךָ

יהוה אֱלֹהֵינוּ כָּל מַעֲשֶׂיךָ
וַחֲסִידֶיךָ צַדִּיקִים עוֹשֵׂי רְצוֹנֶךָ
וְכָל עַמְּךָ בֵּית יִשְׂרָאֵל
בְּרִנָּה יוֹדוּ
וִיבָרְכוּ וִישַׁבְּחוּ
וִיפָאֲרוּ וִירוֹמְמוּ וְיַעֲרִיצוּ
וְיַקְדִּישׁוּ וְיַמְלִיכוּ אֶת שִׁמְךָ מַלְכֵּנוּ
כִּי לְךָ טוֹב לְהוֹדוֹת וּלְשִׁמְךָ נָאֶה לְזַמֵּר
כִּי מֵעוֹלָם וְעַד עוֹלָם

אַתָּה אֵל.

תהלים קלו

הודו לַיהוה כִּי־טוֹב כִּי לְעוֹלָם חַסְדּוֹ:
הודו לֵאלֹהֵי הָאֱלֹהִים כִּי לְעוֹלָם חַסְדּוֹ:
הודו לַאֲדֹנֵי הָאֲדֹנִים כִּי לְעוֹלָם חַסְדּוֹ:
לְעֹשֵׂה נִפְלָאוֹת גְּדֹלוֹת לְבַדּוֹ כִּי לְעוֹלָם חַסְדּוֹ:
לְעֹשֵׂה הַשָּׁמַיִם בִּתְבוּנָה כִּי לְעוֹלָם חַסְדּוֹ:
לְרֹקַע הָאָרֶץ עַל־הַמָּיִם כִּי לְעוֹלָם חַסְדּוֹ:
לְעֹשֵׂה אוֹרִים גְּדֹלִים כִּי לְעוֹלָם חַסְדּוֹ:
אֶת־הַשֶּׁמֶשׁ לְמֶמְשֶׁלֶת בַּיּוֹם כִּי לְעוֹלָם חַסְדּוֹ:

Ps. 136

O give thanks to the Lord; for He is good
FOR HIS STEADFAST LOVE ENDURES FOREVER

O give thanks to the God of gods
FOR HIS STEADFAST LOVE ENDURES FOREVER

O give thanks to the Lord of lords
FOR HIS STEADFAST LOVE ENDURES FOREVER

To Him who alone does great wonders
FOR HIS STEADFAST LOVE ENDURES FOREVER

To Him who by understanding made the heavens
FOR HIS STEADFAST LOVE ENDURES FOREVER

To Him who stretched out the earth above the waters
FOR HIS STEADFAST LOVE ENDURES FOREVER

To Him who made great lights
FOR HIS STEADFAST LOVE ENDURES FOREVER

The sun to rule by day
FOR HIS STEADFAST LOVE ENDURES FOREVER

אֶת־הַיָּרֵחַ וְכוֹכָבִים לְמֶמְשְׁלוֹת בַּלָּיְלָה כִּי לְעוֹלָם חַסְדּוֹ:
לְמַכֵּה מִצְרַיִם בִּבְכוֹרֵיהֶם כִּי לְעוֹלָם חַסְדּוֹ:
וַיּוֹצֵא יִשְׂרָאֵל מִתּוֹכָם כִּי לְעוֹלָם חַסְדּוֹ:
בְּיָד חֲזָקָה וּבִזְרוֹעַ נְטוּיָה כִּי לְעוֹלָם חַסְדּוֹ:
לְגֹזֵר יַם־סוּף לִגְזָרִים כִּי לְעוֹלָם חַסְדּוֹ:
וְהֶעֱבִיר יִשְׂרָאֵל בְּתוֹכוֹ כִּי לְעוֹלָם חַסְדּוֹ:
וְנִעֵר פַּרְעֹה וְחֵילוֹ בְיַם־סוּף כִּי לְעוֹלָם חַסְדּוֹ:
לְמוֹלִיךְ עַמּוֹ בַּמִּדְבָּר כִּי לְעוֹלָם חַסְדּוֹ:
לְמַכֵּה מְלָכִים גְּדֹלִים כִּי לְעוֹלָם חַסְדּוֹ:

the moon and stars to rule by night
FOR HIS STEADFAST LOVE ENDURES FOREVER

To Him who smote Egypt in their firstborn
FOR HIS STEADFAST LOVE ENDURES FOREVER

and brought out Israel from among them
FOR HIS STEADFAST LOVE ENDURES FOREVER

with a strong hand and with an outstretched arm
FOR HIS STEADFAST LOVE ENDURES FOREVER

To Him who divided the Reed Sea asunder
FOR HIS STEADFAST LOVE ENDURES FOREVER

and made Israel pass through the midst of it
FOR HIS STEADFAST LOVE ENDURES FOREVER

but overthrew Pharaoh and his host in the Reed Sea
FOR HIS STEADFAST LOVE ENDURES FOREVER

To Him who led His people through the wilderness
FOR HIS STEADFAST LOVE ENDURES FOREVER

To Him who smote great kings
FOR HIS STEADFAST LOVE ENDURES FOREVER

וַיַּהֲרֹג מְלָכִים אַדִּירִים כִּי לְעוֹלָם חַסְדּוֹ:
לְסִיחוֹן מֶלֶךְ הָאֱמֹרִי כִּי לְעוֹלָם חַסְדּוֹ:
וּלְעוֹג מֶלֶךְ הַבָּשָׁן כִּי לְעוֹלָם חַסְדּוֹ:
וְנָתַן אַרְצָם לְנַחֲלָה כִּי לְעוֹלָם חַסְדּוֹ:
נַחֲלָה לְיִשְׂרָאֵל עַבְדּוֹ כִּי לְעוֹלָם חַסְדּוֹ:
שֶׁבְּשִׁפְלֵנוּ זָכַר לָנוּ כִּי לְעוֹלָם חַסְדּוֹ:
וַיִּפְרְקֵנוּ מִצָּרֵינוּ כִּי לְעוֹלָם חַסְדּוֹ:
נֹתֵן לֶחֶם לְכָל־בָּשָׂר כִּי לְעוֹלָם חַסְדּוֹ:
הוֹדוּ לְאֵל הַשָּׁמָיִם כִּי לְעוֹלָם חַסְדּוֹ:

and slew famous kings
FOR HIS STEADFAST LOVE ENDURES FOREVER

Siḥon, king of the Emori
FOR HIS STEADFAST LOVE ENDURES FOREVER

and Og, the king of Bashan
FOR HIS STEADFAST LOVE ENDURES FOREVER

and gave their land for a heritage
FOR HIS STEADFAST LOVE ENDURES FOREVER

a heritage to Israel His servant
FOR HIS STEADFAST LOVE ENDURES FOREVER

Who remembered us in our low estate
FOR HIS STEADFAST LOVE ENDURES FOREVER

and has delivered us from our enemies
FOR HIS STEADFAST LOVE ENDURES FOREVER

Who gives bread to all flesh
FOR HIS STEADFAST LOVE ENDURES FOREVER

O give thanks to the God of heaven
FOR HIS STEADFAST LOVE ENDURES FOREVER

May all that breathes bless Your name, O Lord our God
and may the spirit of all flesh glorify and acclaim You,
at all times, our King.
From everlasting to everlasting You are God,
and besides You we have neither king,
redeemer, savior, deliverer, protector, sustainer,
nor any to pity us in times of trouble and distress.
We have no king but You.
A God of beginnings and of endings!
A God of all that is created!
Master of all that is born!
One addressed with a multitude of praises!
One who guides His world with steadfast love,
and His creatures with mercy!
For the Lord neither slumbers nor sleeps.
He stirs up those who sleep,
and awakens those who slumber;
He gives speech to the dumb,
and loosens the bonds of the prisoners;
He supports those who are fallen,
and raises up those who are bowed down.
To You alone we give our tribute of thanks.

כָּל חַי תְּבָרֵךְ אֶת שִׁמְךָ, יהוה אֱלֹהֵינוּ
וְרוּחַ כָּל בָּשָׂר תְּפָאֵר וּתְרוֹמֵם זִכְרְךָ מַלְכֵּנוּ תָּמִיד.
מִן הָעוֹלָם וְעַד הָעוֹלָם אַתָּה אֵל
וּמִבַּלְעָדֶיךָ אֵין לָנוּ מֶלֶךְ
גּוֹאֵל וּמוֹשִׁיעַ פּוֹדֶה וּמַצִּיל וּמְפַרְנֵס וּמְרַחֵם
בְּכָל עֵת צָרָה וְצוּקָה
אֵין לָנוּ מֶלֶךְ אֶלָּא אָתָּה.
אֱלֹהֵי הָרִאשׁוֹנִים וְהָאַחֲרוֹנִים
אֱלוֹהַּ כָּל בְּרִיּוֹת
אֲדוֹן כָּל תּוֹלָדוֹת
הַמְהֻלָּל בְּרֹב הַתִּשְׁבָּחוֹת
הַמְנַהֵג עוֹלָמוֹ בְּחֶסֶד וּבְרִיּוֹתָיו בְּרַחֲמִים.
וַיהוה לֹא יָנוּם וְלֹא יִישָׁן
הַמְעוֹרֵר יְשֵׁנִים וְהַמֵּקִיץ נִרְדָּמִים
וְהַמֵּשִׂיחַ אִלְּמִים וְהַמַּתִּיר אֲסוּרִים
וְהַסּוֹמֵךְ נוֹפְלִים וְהַזּוֹקֵף כְּפוּפִים.
לְךָ לְבַדְּךָ אֲנַחְנוּ מוֹדִים.

If our mouth were filled with song like the sea,
and our tongue with overflowing joy like the waves of the sea;
and if our lips could open
as wide as the firmament to praise You,
and our eyes could shine with devotion
like the sun and the moon;
and if we could spread out our hands in worship
like the wings of eagles;
and if our feet could run as swiftly to Your service
as the feet of hinds–
we would still not manage to give You due thanks,
O Lord our God, and God of our fathers, to bless Your name,
or to acknowledge the thousandth part
or even the millionth part of the benefits
which You have bestowed upon our fathers and upon us.
For You have redeemed us out of Egypt, O Lord our God,
and You have delivered us from the house of slaves.
In hunger You have nourished us,
and in plenty You have supported us.
From the sword You have saved us,
and from pestilence You have rescued us;
from foul and lingering diseases You have given us relief,
and ever till now has Your merciful care been our aid,
and Your steadfast love our unfailing stay.
Do not forsake us, O Lord our God, forever.
In recognition of this, those limbs which You have granted us,
and the spirit which You have breathed into our nostrils,
and the tongue which You have set in our mouths,
will all join in praising, blessing, acclaiming, glorifying,

אִלּוּ פִינוּ מָלֵא שִׁירָה כַּיָּם
וּלְשׁוֹנֵנוּ רִנָּה כַּהֲמוֹן גַּלָּיו
וְשִׂפְתוֹתֵינוּ שֶׁבַח כְּמֶרְחֲבֵי רָקִיעַ
וְעֵינֵינוּ מְאִירוֹת כַּשֶּׁמֶשׁ וְכַיָּרֵחַ
וְיָדֵינוּ פְרוּשׂוֹת כְּנִשְׁרֵי שָׁמָיִם
וְרַגְלֵינוּ קַלּוֹת כָּאַיָּלוֹת
אֵין אֲנַחְנוּ מַסְפִּיקִים לְהוֹדוֹת לְךָ
יהוה אֱלֹהֵינוּ וֵאלֹהֵי אֲבוֹתֵינוּ
וּלְבָרֵךְ אֶת שְׁמֶךָ
עַל אַחַת מֵאָלֶף אֶלֶף אַלְפֵי אֲלָפִים
וְרִבֵּי רְבָבוֹת פְּעָמִים הַטּוֹבוֹת
שֶׁעָשִׂיתָ עִם אֲבוֹתֵינוּ וְעִמָּנוּ.
מִמִּצְרַיִם גְּאַלְתָּנוּ, יהוה אֱלֹהֵינוּ, וּמִבֵּית עֲבָדִים פְּדִיתָנוּ
בְּרָעָב זַנְתָּנוּ וּבְשָׂבָע כִּלְכַּלְתָּנוּ
מֵחֶרֶב הִצַּלְתָּנוּ וּמִדֶּבֶר מִלַּטְתָּנוּ
וּמֵחֳלָיִים רָעִים וְנֶאֱמָנִים דִּלִּיתָנוּ.
עַד הֵנָּה עֲזָרוּנוּ רַחֲמֶיךָ, וְלֹא עֲזָבוּנוּ חֲסָדֶיךָ
וְאַל תִּטְּשֵׁנוּ, יהוה אֱלֹהֵינוּ, לָנֶצַח.
עַל כֵּן אֵבָרִים שֶׁפִּלַּגְתָּ בָּנוּ
וְרוּחַ וּנְשָׁמָה שֶׁנָּפַחְתָּ בְּאַפֵּינוּ
וְלָשׁוֹן אֲשֶׁר שַׂמְתָּ בְּפִינוּ
הֵן הֵם יוֹדוּ וִיבָרְכוּ וִישַׁבְּחוּ וִיפָאֲרוּ

adoring, exalting, revering, and hallowing
Your name, our King.
For to You every mouth shall give thanks;
and to You every tongue shall swear;
and to You every knee shall bow;
before You every upright form shall prostrate itself;
and all hearts shall fear You.
All bodies and organs shall sing to Your name,
according to the word that is written:
All my bones shall say, LORD, who is like You, *Ps. 35*
who delivers the poor man
from him that is too strong for him,
and the poor and the needy
from him that would rob him?
Who is like You? Who is equal to You?
Who may be compared to You?
A great, mighty, and terrible God,
God supreme, Owner of heaven and earth.
Let us praise You, and acclaim You, and glorify,
and bless Your holy name,
as it is said:
"A psalm of David. Bless the LORD, O my soul, *Ps. 103*
and all that is within me bless His holy name!"
O God in the mighty acts of Your power,
great in the glory of Your name;
mighty forever, and awe-inspiring in the terror of Your deeds.
O King, enthroned on high,
and raised in eminence!
Dwelling in eternity, high and holy is His name!

וִירוֹמְמוּ וְיַעֲרִיצוּ וְיַקְדִּישׁוּ וְיַמְלִיכוּ אֶת שִׁמְךָ מַלְכֵּנוּ
כִּי כָל פֶּה לְךָ יוֹדֶה
וְכָל לָשׁוֹן לְךָ תְשַׁבֵּחַ
וְכָל בֶּרֶךְ לְךָ תִכְרַע
וְכָל קוֹמָה לְפָנֶיךָ תִשְׁתַּחֲוֶה
וְכָל לְבָבוֹת יִירָאוּךָ
וְכָל קֶרֶב וּכְלָיוֹת יְזַמְּרוּ לִשְׁמֶךָ
כַּדָּבָר שֶׁכָּתוּב
כָּל עַצְמוֹתַי תֹּאמַרְנָה יהוה מִי כָמוֹךָ תהלים לה
מַצִּיל עָנִי מֵחָזָק מִמֶּנּוּ, וְעָנִי וְאֶבְיוֹן מִגֹּזְלוֹ:
מִי יִדְמֶה לָּךְ וּמִי יִשְׁוֶה לָּךְ וּמִי יַעֲרָךְ לָךְ
הָאֵל הַגָּדוֹל, הַגִּבּוֹר וְהַנּוֹרָא
אֵל עֶלְיוֹן, קוֹנֵה שָׁמַיִם וָאָרֶץ.
נְהַלֶּלְךָ וּנְשַׁבֵּחֲךָ וּנְפָאֶרְךָ וּנְבָרֵךְ אֶת שֵׁם קָדְשֶׁךָ
כָּאָמוּר
לְדָוִד, בָּרְכִי נַפְשִׁי אֶת־יהוה, וְכָל־קְרָבַי אֶת־שֵׁם קָדְשׁוֹ: תהלים קג
הָאֵל בְּתַעֲצֻמוֹת עֻזֶּךָ
הַגָּדוֹל בִּכְבוֹד שְׁמֶךָ
הַגִּבּוֹר לָנֶצַח וְהַנּוֹרָא בְּנוֹרְאוֹתֶיךָ
הַמֶּלֶךְ הַיּוֹשֵׁב עַל כִּסֵּא.
רָם וְנִשָּׂא
שׁוֹכֵן עַד מָרוֹם וְקָדוֹשׁ שְׁמוֹ

For it is written:
"Sing joyfully to the LORD, O you righteous, *Ps. 33*
for praise from the upright is seemly."

By the mouth of the upright You are praised!
By the words of the righteous You are blessed!
By the tongue of the pious You are exalted!
And in the inmost being of the holy You are sanctified!

In the assemblies of the great multitudes
of Your people, the house of Israel,
shall Your name be glorified in joyful song through all generations.
For it is the duty of all creatures who stand before You,
O LORD our God, and God of our fathers,
to offer thanks and praises, and tributes of glory,
to honor, revere, bless, exalt, and adore You;
using all the words of praise and glory
indited by David the son of Yishai, Your anointed servant.

Praised be Your name forever, our King.
God and Ruler, great and holy, in heaven and on earth!
For to You, O LORD our God, and God of our fathers,
song and praise are due: sounds of melody,
acclamations of strength, dominion,
victory, grandeur, and might;
sounds of praise and glory,
ascriptions of holiness and sovereignty,
blessings and thanksgivings, from now and for evermore.
Blessed are You, O LORD, God, King, great in adoration,
God of praises, LORD of wonders,
who makes choice of song and psalm;
O King and God, the Life of all the worlds.

וְכָתוּב
רַנְּנוּ צַדִּיקִים בַּיהוה, לַיְשָׁרִים נָאוָה תְהִלָּה: תהלים לג

בְּפִי יְשָׁרִים תִּתְהַלָּל וּבְדִבְרֵי צַדִּיקִים תִּתְבָּרַךְ
וּבִלְשׁוֹן חֲסִידִים תִּתְרוֹמָם וּבְקֶרֶב קְדוֹשִׁים תִּתְקַדָּשׁ

וּבְמַקְהֲלוֹת רִבְבוֹת עַמְּךָ בֵּית יִשְׂרָאֵל
בְּרִנָּה יִתְפָּאַר שִׁמְךָ מַלְכֵּנוּ בְּכָל דּוֹר וָדוֹר
שֶׁכֵּן חוֹבַת כָּל הַיְצוּרִים
לְפָנֶיךָ יהוה אֱלֹהֵינוּ וֵאלֹהֵי אֲבוֹתֵינוּ
לְהוֹדוֹת, לְהַלֵּל, לְשַׁבֵּחַ, לְפָאֵר, לְרוֹמֵם
לְהַדֵּר, לְבָרֵךְ, לְעַלֵּה וּלְקַלֵּס
עַל כָּל דִּבְרֵי שִׁירוֹת וְתִשְׁבְּחוֹת
דָּוִד בֶּן יִשַׁי, עַבְדְּךָ מְשִׁיחֶךָ.

יִשְׁתַּבַּח שִׁמְךָ לָעַד מַלְכֵּנוּ
הָאֵל הַמֶּלֶךְ הַגָּדוֹל וְהַקָּדוֹשׁ בַּשָּׁמַיִם וּבָאָרֶץ
כִּי לְךָ נָאֶה, יהוה אֱלֹהֵינוּ וֵאלֹהֵי אֲבוֹתֵינוּ
שִׁיר וּשְׁבָחָה, הַלֵּל וְזִמְרָה
עֹז וּמֶמְשָׁלָה, נֶצַח, גְּדֻלָּה וּגְבוּרָה
תְּהִלָּה וְתִפְאֶרֶת, קְדֻשָּׁה וּמַלְכוּת
בְּרָכוֹת וְהוֹדָאוֹת, מֵעַתָּה וְעַד עוֹלָם.
בָּרוּךְ אַתָּה יהוה, אֵל מֶלֶךְ גָּדוֹל בַּתִּשְׁבָּחוֹת
אֵל הַהוֹדָאוֹת אֲדוֹן הַנִּפְלָאוֹת
הַבּוֹחֵר בְּשִׁירֵי זִמְרָה, מֶלֶךְ, אֵל, חֵי הָעוֹלָמִים.

I am hereby prepared and ready to fulfill the commandment of the fourth of the four cups. For the sake of the unification of the Holy One, blessed be He, and His Divine Presence, through that which is hidden and concealed, in the name of all Israel.

Blessed are You, Lord our God, King of the Universe,
who creates the produce of the vine.

Drink the fourth cup while reclining to the left.

BLESSED are You, Lord our God, King of the Universe,
for the vine, and for the produce of the vine,
and for the produce of the field, and for the fair, and good, and ample land
which in Your favor You did give our fathers for their inheritance,
that they might eat of its fruit, and enjoy its bounty.
Have pity O Lord our God on Israel Your people,
and on Jerusalem Your city,
and on Zion the dwelling place of Your glory,
and on Your altar, and on Your Temple.
Rebuild Jerusalem the holy city, speedily and in our days,
and bring us into its midst and gladden us with its rebuilt splendor.
Then we shall eat of its fruits, and enjoy its bounty,
and we shall bless You for that in holiness and purity.
(*On Shabbat:* And favor and fortify us on this Sabbath day,)
And make us rejoice on this day of the Festival of Matzot.
For You, O Lord, are good, and do good to all, and we thank You
for the land, and for the produce of the vine.
Blessed are You, O Lord, for the land, and for the produce of the vine.

CONCLUSION

Concluded in due form is our Pesaḥ-night service,
in all its regulations and precepts.
As it was our privilege to celebrate it this night,
so may we be found worthy to celebrate it in time to come.
O You Pure One, who dwells in heaven,
raise up the assembly of Your people innumerable!
Shortly lead them – called "the plant of Your vine" –
in freedom to Zion with a joyful shout.

NEXT YEAR IN JERUSALEM THE REBUILT!

הנני מוכן ומזומן לקיים מצוות כוס רביעי של ארבע כוסות.
לשם ייחוד קודשא בריך הוא ושכינתיה על ידי ההוא טמיר ונעלם בשם כל ישראל.

בָּרוּךְ אַתָּה יהוה אֱלֹהֵינוּ מֶלֶךְ הָעוֹלָם בּוֹרֵא פְּרִי הַגָּפֶן.

שותים כוס רביעי בהסבת שמאל.

בָּרוּךְ אַתָּה יהוה אֱלֹהֵינוּ מֶלֶךְ הָעוֹלָם
עַל הַגֶּפֶן וְעַל פְּרִי הַגֶּפֶן
וְעַל תְּנוּבַת הַשָּׂדֶה וְעַל אֶרֶץ חֶמְדָּה טוֹבָה וּרְחָבָה
שֶׁרָצִיתָ וְהִנְחַלְתָּ לַאֲבוֹתֵינוּ לֶאֱכֹל מִפִּרְיָהּ וְלִשְׂבֹּעַ מִטּוּבָהּ.
רַחֵם נָא יהוה אֱלֹהֵינוּ עַל יִשְׂרָאֵל עַמֶּךָ
וְעַל יְרוּשָׁלַיִם עִירֶךָ וְעַל צִיּוֹן מִשְׁכַּן כְּבוֹדֶךָ
וְעַל מִזְבְּחֶךָ וְעַל הֵיכָלֶךָ.
וּבְנֵה יְרוּשָׁלַיִם עִיר הַקֹּדֶשׁ בִּמְהֵרָה בְיָמֵינוּ
וְהַעֲלֵנוּ לְתוֹכָהּ וְשַׂמְּחֵנוּ בְּבִנְיָנָהּ
וְנֹאכַל מִפִּרְיָהּ וְנִשְׂבַּע מִטּוּבָהּ, וּנְבָרֶכְךָ עָלֶיהָ בִּקְדֻשָּׁה וּבְטָהֳרָה.
(בשבת: **וּרְצֵה וְהַחֲלִיצֵנוּ בְּיוֹם הַשַּׁבָּת הַזֶּה**)
וְשַׂמְּחֵנוּ בְּיוֹם חַג הַמַּצּוֹת הַזֶּה
כִּי אַתָּה יהוה טוֹב וּמֵטִיב לַכֹּל, וְנוֹדֶה לְּךָ
עַל הָאָרֶץ וְעַל פְּרִי הַגָּפֶן/ אם היין מארץ ישראל: **גַּפְנָהּ**/.
בָּרוּךְ אַתָּה יהוה עַל הָאָרֶץ וְעַל פְּרִי הַגָּפֶן/ אם היין מארץ ישראל: **גַּפְנָהּ**/.

נרצה

חֲסַל סִדּוּר פֶּסַח כְּהִלְכָתוֹ, כְּכָל מִשְׁפָּטוֹ וְחֻקָּתוֹ
כַּאֲשֶׁר זָכִינוּ לְסַדֵּר אוֹתוֹ, כֵּן נִזְכֶּה לַעֲשׂוֹתוֹ
זָךְ שׁוֹכֵן מְעוֹנָה, קוֹמֵם קְהַל עֲדַת מִי מָנָה
קָרֵב נַהֵל נִטְעֵי כַנָּה, פְּדוּיִם לְצִיּוֹן בְּרִנָּה.

לַשָּׁנָה הַבָּאָה בִּירוּשָׁלַיִם הַבְּנוּיָה.

Outside Israel, this poem is recited on the first night of the festival only.

AND IT ALL HAPPENED AT MIDNIGHT

A host of miracles You did perform at midnight
Beginning with our father Abraham at midnight
Captives he took in fight with monarchs four at midnight
And it all happened at midnight
Dreams You did send to warn the king of Gerar at midnight
Eerie the visions that to Laban came at midnight
Fiercely fought Jacob with an angel grim at midnight
And it all happened at midnight
Great was the slaughter of the firstborn host at midnight
Heavy the loss the Egyptians felt at midnight
Infinite the stars that fought against Sisera's host at midnight
And it all happened at midnight
Just was the slaughter of the Ashshurian foe at midnight
Knocked down was Bel and shattered quite at midnight
Laid bare to Daniel were the secret things at midnight
And it all happened at midnight
Midst drunken toasts was slain a king at midnight
No mystic sign nonplussed the pious youth at midnight
Out sent the Agagite his hateful charge at midnight
And it all happened at midnight
Perplexed and sleepless was his royal LORD at midnight
Quickly the winepress tread, and hail the watch at midnight
Reply comes from the watchman, "See, the dawn!" at midnight
And it all happened at midnight
Soon come that day of which the prophets spoke at midnight
Yours is the day, and Yours the night, proclaim at midnight
Upon the city newly built set watch at midnight
Victoriously give light to us Your flock forlorn,
Who seek You all the night, and wait for dawn!
And it all happened at midnight

בחוץ לארץ אומרים פיוט זה רק בלילה הראשון של פסח.

וּבְכֵן וַיְהִי בַּחֲצִי הַלַּיְלָה

אָז רֹב נִסִּים הִפְלֵאתָ **בַּלַּיְלָה**
בְּרֹאשׁ אַשְׁמוּרוֹת זֶה **הַלַּיְלָה**
גֵּר צֶדֶק נִצַּחְתּוֹ, כְּנֶחֱלַק לוֹ **לַיְלָה**
וַיְהִי בַּחֲצִי הַלַּיְלָה

דַּנְתָּ מֶלֶךְ גְּרָר בַּחֲלוֹם **הַלַּיְלָה**
הִפְחַדְתָּ אֲרַמִּי בְּאֶמֶשׁ **לַיְלָה**
וַיָּשַׂר יִשְׂרָאֵל לְמַלְאָךְ, וַיּוּכַל לוֹ **לַיְלָה**
וַיְהִי בַּחֲצִי הַלַּיְלָה

זֶרַע בְּכוֹרֵי פַתְרוֹס מָחַצְתָּ בַּחֲצִי **הַלַּיְלָה**
חֵילָם לֹא מָצְאוּ בְּקוּמָם **בַּלַּיְלָה**
טִיסַת נְגִיד חֲרֹשֶׁת סִלִּיתָ בְכוֹכְבֵי **לַיְלָה**
וַיְהִי בַּחֲצִי הַלַּיְלָה

יָעַץ מְחָרֵף לְנוֹפֵף אִוּוּי, הוֹבַשְׁתָּ פְגָרָיו **בַּלַּיְלָה**
כָּרַע בֵּל וּמַצָּבוֹ בְּאִישׁוֹן **לַיְלָה**
לְאִישׁ חֲמוּדוֹת נִגְלָה רָז חֲזוֹת **לַיְלָה**
וַיְהִי בַּחֲצִי הַלַּיְלָה

מִשְׁתַּכֵּר בִּכְלֵי קֹדֶשׁ נֶהֱרַג בּוֹ **בַּלַּיְלָה**
נוֹשַׁע מִבּוֹר אֲרָיוֹת, פּוֹתֵר בִּעֲתוּתֵי **לַיְלָה**
שִׂנְאָה נָטַר אֲגָגִי, וְכָתַב סְפָרִים **בַּלַּיְלָה**
וַיְהִי בַּחֲצִי הַלַּיְלָה

עוֹרַרְתָּ נִצְחֲךָ עָלָיו בְּנֶדֶד שְׁנַת **לַיְלָה**
פּוּרָה תִדְרֹךְ לְשׁוֹמֵר מַה **מִּלַּיְלָה**
צָרַח כַּשּׁוֹמֵר, וְשָׂח אָתָא בֹקֶר וְגַם **לַיְלָה**
וַיְהִי בַּחֲצִי הַלַּיְלָה

קָרֵב יוֹם אֲשֶׁר הוּא לֹא יוֹם וְלֹא **לַיְלָה**
רָם הוֹדַע כִּי לְךָ הַיּוֹם אַף לְךָ **הַלַּיְלָה**
שׁוֹמְרִים הַפְקֵד לְעִירְךָ כָּל הַיּוֹם וְכָל **הַלַּיְלָה**
תָּאִיר כְּאוֹר יוֹם חֶשְׁכַת **לַיְלָה**
וַיְהִי בַּחֲצִי הַלַּיְלָה

Outside Israel, this poem is recited on the second night of the festival only.

SO YOU MAY SAY, "THIS IS THE DAY, THE PESAḤ OFFERING TO SLAY."

A mighty strength You did display on Pesaḥ
Beyond all feasts You raise the day of Pesaḥ
Complete to Abraham the tale foretold of Pesaḥ
So you may say, "This is the day, The Pesaḥ offering to slay."
Divine the guests who come that day of Pesaḥ
Entered his tent and ate the bread of Pesaḥ
For them he slew a tender calf on Pesaḥ
So you may say, "This is the day, The Pesaḥ offering to slay."
Grim on Sodom He rained His fire on Pesaḥ
He saved but one who baked the cakes of Pesaḥ
Ill-fated was that Egyptian land on Pesaḥ
So you may say, "This is the day, The Pesaḥ offering to slay."
Judgment befell each eldest son on Pesaḥ
Kindly reprieved were Israel's sons on Pesaḥ
Left unmolested on that night of Pesaḥ
So you may say, "This is the day, The Pesaḥ offering to slay."
Mighty Jericho was breached and won on Pesaḥ
Next Midian charged by barley cake on Pesaḥ
Over our foes a fiery bolt on Pesaḥ
So you may say, "This is the day, The Pesaḥ offering to slay."
Past Nov, Ashshur shall not set foot till Pesaḥ
Quick on the wall the writ of doom on Pesaḥ
Regaled with food the table spread on Pesaḥ
So you may say, "This is the day, The Pesaḥ offering to slay."
She called a three day fast for all on Pesaḥ
Then Haman high You did dispatch on Pesaḥ
Upon Edom two things shall fall of Pesaḥ
Victoriously uplift Your arm, to save us all,
from every harm, on Pesaḥ
So you may say, "This is the day, The Pesaḥ offering to slay."

בחוץ לארץ אומרים פיוט זה רק בלילה השני של פסח.

וּבְכֵן וַאֲמַרְתֶּם זֶבַח פֶּסַח

אֹמֶץ גְּבוּרוֹתֶיךָ הִפְלֵאתָ   בַּפֶּסַח
בְּרֹאשׁ כָּל מוֹעֲדוֹת נִשֵּׂאתָ   פֶּסַח
גִּלִּיתָ לְאֶזְרָחִי חֲצוֹת לֵיל   פֶּסַח
וַאֲמַרְתֶּם זֶבַח פֶּסַח

דְּלָתָיו דָּפַקְתָּ כְּחֹם הַיּוֹם   בַּפֶּסַח
הִסְעִיד נוֹצְצִים עֻגוֹת מַצּוֹת   בַּפֶּסַח
וְאֶל הַבָּקָר, רָץ זֵכֶר לְשׁוֹר עֵרֶךְ   פֶּסַח
וַאֲמַרְתֶּם זֶבַח פֶּסַח

זֹעֲמוּ סְדוֹמִים, וְלֹהֲטוּ בָּאֵשׁ   בַּפֶּסַח
חֻלַּץ לוֹט מֵהֶם, וּמַצּוֹת אָפָה בְּקֵץ   פֶּסַח
טִאטֵאתָ אַדְמַת מֹף וְנֹף בְּעָבְרְךָ   בַּפֶּסַח
וַאֲמַרְתֶּם זֶבַח פֶּסַח

יָהּ, רֹאשׁ כָּל אוֹן מָחַצְתָּ בְּלֵיל שִׁמּוּר   פֶּסַח
כַּבִּיר, עַל בֵּן בְּכוֹר פָּסַחְתָּ בְּדַם   פֶּסַח
לְבִלְתִּי תֵּת מַשְׁחִית לָבֹא בִּפְתָחַי   בַּפֶּסַח
וַאֲמַרְתֶּם זֶבַח פֶּסַח

מְסֻגֶּרֶת סֻגָּרָה בְּעִתּוֹתֵי   פֶּסַח
נִשְׁמְדָה מִדְיָן בִּצְלִיל שְׂעוֹרֵי עֹמֶר   פֶּסַח
שֹׂרְפוּ מִשְׁמַנֵּי פּוּל וְלוּד, בִּיקַד יְקוֹד   פֶּסַח
וַאֲמַרְתֶּם זֶבַח פֶּסַח

עוֹד הַיּוֹם בְּנֹב לַעֲמֹד, עַד גָּעָה עוֹנַת   פֶּסַח
פַּס יָד כָּתְבָה לְקַעֲקֵעַ צוּל   בַּפֶּסַח
צָפֹה הַצָּפִית עָרוֹךְ הַשֻּׁלְחָן   בַּפֶּסַח
וַאֲמַרְתֶּם זֶבַח פֶּסַח

קָהָל כִּנְּסָה הֲדַסָּה, צוֹם לְשַׁלֵּשׁ   בַּפֶּסַח
רֹאשׁ מִבֵּית רָשָׁע מָחַצְתָּ בְּעֵץ חֲמִשִּׁים   בַּפֶּסַח
שְׁתֵּי אֵלֶּה, רֶגַע תָּבִיא לְעוּצִית   בַּפֶּסַח
תָּעֹז יָדְךָ, תָּרוּם יְמִינְךָ, כְּלֵיל הִתְקַדֵּשׁ חַג   פֶּסַח
וַאֲמַרְתֶּם זֶבַח פֶּסַח

HIS THE GLORY AND HIS THE MILDNESS

Powerful in royalty / Gentle like the ways of the Law;
What is it that His angels say to Him?
Yours, and again, Yours; Yours and still more Yours; Yours and only Yours;
Yours is the kingdom: His the glory; And His the mildness!

Famous in royalty / Beautiful like the ways of the Law;
What is it that His faithful servants say to Him?
Yours, and again, Yours; Yours and still more Yours; Yours and only Yours;
Yours is the kingdom: His the glory; And His the mildness!

Stainless in sovereignty / Strong like the ways of the Law;
What is it that His secretary-angels say to Him?
Yours, and again, Yours; Yours and still more Yours; Yours and only Yours;
Yours is the kingdom: His the glory; And His the mildness!

Single in sovereignty / Unchallenged like the ways of the Law;
What is it that His scholars say to Him?
Yours, and again, Yours; Yours and still more Yours; Yours and only Yours;
Yours is the kingdom: His the glory; And His the mildness!

Sublime in royalty / Commanding fear like the ways of the Law;
What is it that His clustering angels say to Him?
Yours, and again, Yours; Yours and still more Yours; Yours and only Yours;
Yours is the kingdom: His the glory; And His the mildness!

Humble in royalty / Saving us like the ways of the Law;
What is it that His righteous ones say to Him?
Yours, and again, Yours; Yours and still more Yours; Yours and only Yours;
Yours is the kingdom: His the glory; And His the mildness!

Holy in royalty / Merciful like the ways of the Law;
What is it that His innumerable angels say to Him?
Yours, and again, Yours; Yours and still more Yours; Yours and only Yours;
Yours is the kingdom: His the glory; And His the mildness!

Indomitable in royalty / Gently aiding us like the ways of the Law;
What is it that His innocent ones say to Him?
Yours, and again, Yours; Yours and still more Yours; Yours and only Yours;
Yours is the kingdom: His the glory; And His the mildness!

כִּי לוֹ נָאֶה, כִּי לוֹ יָאֶה

אַדִּיר בִּמְלוּכָה   בָּחוּר כַּהֲלָכָה   גְּדוּדָיו יֹאמְרוּ לוֹ
לְךָ וּלְךָ, לְךָ כִּי לְךָ, לְךָ אַף לְךָ, לְךָ יהוה הַמַּמְלָכָה
כִּי לוֹ נָאֶה, כִּי לוֹ יָאֶה

דָּגוּל בִּמְלוּכָה   הָדוּר כַּהֲלָכָה   וָתִיקָיו יֹאמְרוּ לוֹ
לְךָ וּלְךָ, לְךָ כִּי לְךָ, לְךָ אַף לְךָ, לְךָ יהוה הַמַּמְלָכָה
כִּי לוֹ נָאֶה, כִּי לוֹ יָאֶה

זַכַּאי בִּמְלוּכָה   חָסִין כַּהֲלָכָה   טַפְסְרָיו יֹאמְרוּ לוֹ
לְךָ וּלְךָ, לְךָ כִּי לְךָ, לְךָ אַף לְךָ, לְךָ יהוה הַמַּמְלָכָה
כִּי לוֹ נָאֶה, כִּי לוֹ יָאֶה

יָחִיד בִּמְלוּכָה   כַּבִּיר כַּהֲלָכָה   לִמּוּדָיו יֹאמְרוּ לוֹ
לְךָ וּלְךָ, לְךָ כִּי לְךָ, לְךָ אַף לְךָ, לְךָ יהוה הַמַּמְלָכָה
כִּי לוֹ נָאֶה, כִּי לוֹ יָאֶה

מֶלֶךְ בִּמְלוּכָה   נוֹרָא כַּהֲלָכָה   סְבִיבָיו יֹאמְרוּ לוֹ
לְךָ וּלְךָ, לְךָ כִּי לְךָ, לְךָ אַף לְךָ, לְךָ יהוה הַמַּמְלָכָה
כִּי לוֹ נָאֶה, כִּי לוֹ יָאֶה

עָנָו בִּמְלוּכָה   פּוֹדֶה כַּהֲלָכָה   צַדִּיקָיו יֹאמְרוּ לוֹ
לְךָ וּלְךָ, לְךָ כִּי לְךָ, לְךָ אַף לְךָ, לְךָ יהוה הַמַּמְלָכָה
כִּי לוֹ נָאֶה, כִּי לוֹ יָאֶה

קָדוֹשׁ בִּמְלוּכָה   רַחוּם כַּהֲלָכָה   שִׁנְאַנָּיו יֹאמְרוּ לוֹ
לְךָ וּלְךָ, לְךָ כִּי לְךָ, לְךָ אַף לְךָ, לְךָ יהוה הַמַּמְלָכָה
כִּי לוֹ נָאֶה, כִּי לוֹ יָאֶה

תַּקִּיף בִּמְלוּכָה   תּוֹמֵךְ כַּהֲלָכָה   תְּמִימָיו יֹאמְרוּ לוֹ
לְךָ וּלְךָ, לְךָ כִּי לְךָ, לְךָ אַף לְךָ, לְךָ יהוה הַמַּמְלָכָה
כִּי לוֹ נָאֶה, כִּי לוֹ יָאֶה

MIGHTY IS HE,

Let Him rebuild His House,
Rebuild it soon.
In our time, in our time: soon, O soon!
O God, build, O build;
rebuild Your House soon!

BLESSED, **GREAT,** **RENOWNED,**

EXCELLENT, **FAMOUS,** **PURE,**

PIOUS, **CLEAN,** **UNIQUE,**

POWERFUL, **SAGE,** **ROYAL,**

FEARFUL, **EMINENT,** **STRONG,**

READY TO SAVE, **JUST,** **HOLY,**

MERCIFUL, **MIGHTY,** **STRONG IS HE,**

Let Him rebuild His House,
Rebuild it soon.
In our time, in our time: soon, O soon!
O God, build, O build;

REBUILD YOUR HOUSE SOON!

אַדִּיר הוּא

יִבְנֶה בֵּיתוֹ בְּקָרוֹב
בִּמְהֵרָה בִּמְהֵרָה, בְּיָמֵינוּ בְּקָרוֹב
אֵל בְּנֵה אֵל בְּנֵה בְּנֵה בֵּיתְךָ בְּקָרוֹב

בָּחוּר הוּא גָּדוֹל הוּא דָּגוּל הוּא
הָדוּר הוּא וָתִיק הוּא זַכַּאי הוּא
חָסִיד הוּא טָהוֹר הוּא יָחִיד הוּא
כַּבִּיר הוּא לָמוּד הוּא מֶלֶךְ הוּא
נוֹרָא הוּא סַגִּיב הוּא עִזּוּז הוּא
פּוֹדֶה הוּא צַדִּיק הוּא קָדוֹשׁ הוּא
רַחוּם הוּא שַׁדַּי הוּא תַּקִּיף הוּא

יִבְנֶה בֵּיתוֹ בְּקָרוֹב
בִּמְהֵרָה בִּמְהֵרָה, בְּיָמֵינוּ בְּקָרוֹב
אֵל בְּנֵה אֵל בְּנֵה
בְּנֵה בֵּיתְךָ בְּקָרוֹב

WHO KNOWS ONE?

I KNOW ONE.
OUR GOD IS ONE
IN HEAVEN AND EARTH.

Who knows two?
I know two.
The tablets of the covenant are two.
Our God is One in heaven and earth.

Who knows three?
I know three.
The patriarchs are three.
The tablets are two.
Our God is One in heaven and earth.

Who knows four?
I know four.
The matriarchs are four.
The patriarchs are three.
The tablets are two.
Our God is One in heaven and earth.

Who knows five?
I know five.
The books of the Torah are five.
The matriarchs are four.
The patriarchs are three.
The tablets are two.
Our God is One in heaven and earth.

אֶחָד מִי יוֹדֵעַ

אֶחָד אֲנִי יוֹדֵעַ

אֶחָד אֱלֹהֵינוּ שֶׁבַּשָּׁמַיִם וּבָאָרֶץ

שְׁנַיִם מִי יוֹדֵעַ
שְׁנַיִם אֲנִי יוֹדֵעַ
שְׁנֵי לוּחוֹת הַבְּרִית
אֶחָד אֱלֹהֵינוּ שֶׁבַּשָּׁמַיִם וּבָאָרֶץ

שְׁלוֹשָׁה מִי יוֹדֵעַ
שְׁלוֹשָׁה אֲנִי יוֹדֵעַ
שְׁלוֹשָׁה אָבוֹת
שְׁנֵי לוּחוֹת הַבְּרִית
אֶחָד אֱלֹהֵינוּ שֶׁבַּשָּׁמַיִם וּבָאָרֶץ

אַרְבַּע מִי יוֹדֵעַ
אַרְבַּע אֲנִי יוֹדֵעַ
אַרְבַּע אִמָּהוֹת
שְׁלוֹשָׁה אָבוֹת   שְׁנֵי לוּחוֹת הַבְּרִית
אֶחָד אֱלֹהֵינוּ שֶׁבַּשָּׁמַיִם וּבָאָרֶץ

חֲמִשָּׁה מִי יוֹדֵעַ
חֲמִשָּׁה אֲנִי יוֹדֵעַ
חֲמִשָּׁה חֻמְשֵׁי תוֹרָה
אַרְבַּע אִמָּהוֹת   שְׁלוֹשָׁה אָבוֹת   שְׁנֵי לוּחוֹת הַבְּרִית
אֶחָד אֱלֹהֵינוּ שֶׁבַּשָּׁמַיִם וּבָאָרֶץ

Who knows six?
I know six.
The orders of the Mishna are six.
The books of the Torah are five. The matriarchs are four.
The patriarchs are three.
The tablets are two.
Our God is One in heaven and earth.

Who knows seven?
I know seven.
The days of the week are seven.
The orders of the Mishna are six. The books of the Torah are five.
The matriarchs are four. The patriarchs are three.
The tablets are two.
Our God is One in heaven and earth.

Who knows eight?
I know eight.
The days for circumcision are eight.
The days of the week are seven.
The orders of the Mishna are six. The books of the Torah are five.
The matriarchs are four. The patriarchs are three.
The tablets are two.
Our God is One in heaven and earth.

Who knows nine?
I know nine.
The months for childbirth are nine.
The days for circumcision are eight.
The days of the week are seven.
The orders of the Mishna are six. The books of the Torah are five.
The matriarchs are four. The patriarchs are three.
The tablets are two.
Our God is One in heaven and earth.

שִׁשָּׁה מִי יוֹדֵֽעַ
שִׁשָּׁה אֲנִי יוֹדֵֽעַ
שִׁשָּׁה סִדְרֵי מִשְׁנָה
חֲמִשָּׁה חֻמְשֵׁי תוֹרָה   אַרְבַּע אִמָּהוֹת   שְׁלוֹשָׁה אָבוֹת
שְׁנֵי לוּחוֹת הַבְּרִית
אֶחָד אֱלֹהֵֽינוּ שֶׁבַּשָּׁמַֽיִם וּבָאָֽרֶץ

שִׁבְעָה מִי יוֹדֵֽעַ
שִׁבְעָה אֲנִי יוֹדֵֽעַ
שִׁבְעָה יְמֵי שַׁבַּתָּא
שִׁשָּׁה סִדְרֵי מִשְׁנָה   חֲמִשָּׁה חֻמְשֵׁי תוֹרָה
אַרְבַּע אִמָּהוֹת   שְׁלוֹשָׁה אָבוֹת   שְׁנֵי לוּחוֹת הַבְּרִית
אֶחָד אֱלֹהֵֽינוּ שֶׁבַּשָּׁמַֽיִם וּבָאָֽרֶץ

שְׁמוֹנָה מִי יוֹדֵֽעַ
שְׁמוֹנָה אֲנִי יוֹדֵֽעַ
שְׁמוֹנָה יְמֵי מִילָה
שִׁבְעָה יְמֵי שַׁבַּתָּא   שִׁשָּׁה סִדְרֵי מִשְׁנָה
חֲמִשָּׁה חֻמְשֵׁי תוֹרָה   אַרְבַּע אִמָּהוֹת   שְׁלוֹשָׁה אָבוֹת
שְׁנֵי לוּחוֹת הַבְּרִית
אֶחָד אֱלֹהֵֽינוּ שֶׁבַּשָּׁמַֽיִם וּבָאָֽרֶץ

תִּשְׁעָה מִי יוֹדֵֽעַ
תִּשְׁעָה אֲנִי יוֹדֵֽעַ
תִּשְׁעָה יַרְחֵי לֵדָה
שְׁמוֹנָה יְמֵי מִילָה   שִׁבְעָה יְמֵי שַׁבַּתָּא
שִׁשָּׁה סִדְרֵי מִשְׁנָה   חֲמִשָּׁה חֻמְשֵׁי תוֹרָה
אַרְבַּע אִמָּהוֹת   שְׁלוֹשָׁה אָבוֹת   שְׁנֵי לוּחוֹת הַבְּרִית
אֶחָד אֱלֹהֵֽינוּ שֶׁבַּשָּׁמַֽיִם וּבָאָֽרֶץ

Who knows ten?
I know ten.
The words from Sinai are ten.
The months for childbirth are nine.
The days for circumcision are eight. The days of the week are seven.
The orders of the Mishna are six. The books of the Torah are five.
The matriarchs are four.
The patriarchs are three.
The tablets are two.
Our God is One in heaven and earth.

Who knows eleven?
I know eleven.
The stars of Joseph's dream are eleven.
The words from Sinai are ten. The months for childbirth are nine.
The days for circumcision are eight. The days of the week are seven.
The orders of the Mishna are six. The books of the Torah are five.
The matriarchs are four.
The patriarchs are three.
The tablets are two.
Our God is One in heaven and earth.

Who knows twelve?
I know twelve.
The tribes of Israel are twelve.
The stars of Joseph's dream are eleven.
The words from Sinai are ten. The months for childbirth are nine.
The days for circumcision are eight. The days of the week are seven.
The orders of the Mishna are six. The books of the Torah are five.
The matriarchs are four.
The patriarchs are three.
The tablets are two.
Our God is One in heaven and earth.

עֲשָׂרָה מִי יוֹדֵעַ
עֲשָׂרָה אֲנִי יוֹדֵעַ
עֲשָׂרָה דִבְּרַיָּא
תִּשְׁעָה יַרְחֵי לֵדָה   שְׁמוֹנָה יְמֵי מִילָה
שִׁבְעָה יְמֵי שַׁבְּתָא   שִׁשָּׁה סִדְרֵי מִשְׁנָה
חֲמִשָּׁה חֻמְשֵׁי תוֹרָה   אַרְבַּע אִמָּהוֹת   שְׁלוֹשָׁה אָבוֹת
שְׁנֵי לוּחוֹת הַבְּרִית
אֶחָד אֱלֹהֵינוּ שֶׁבַּשָּׁמַיִם וּבָאָרֶץ

אַחַד עָשָׂר מִי יוֹדֵעַ
אַחַד עָשָׂר אֲנִי יוֹדֵעַ
אַחַד עָשָׂר כּוֹכְבַיָּא
עֲשָׂרָה דִבְּרַיָּא   תִּשְׁעָה יַרְחֵי לֵדָה
שְׁמוֹנָה יְמֵי מִילָה   שִׁבְעָה יְמֵי שַׁבְּתָא
שִׁשָּׁה סִדְרֵי מִשְׁנָה   חֲמִשָּׁה חֻמְשֵׁי תוֹרָה
אַרְבַּע אִמָּהוֹת   שְׁלוֹשָׁה אָבוֹת   שְׁנֵי לוּחוֹת הַבְּרִית
אֶחָד אֱלֹהֵינוּ שֶׁבַּשָּׁמַיִם וּבָאָרֶץ

שְׁנֵים עָשָׂר מִי יוֹדֵעַ
שְׁנֵים עָשָׂר אֲנִי יוֹדֵעַ
שְׁנֵים עָשָׂר שִׁבְטַיָּא
אַחַד עָשָׂר כּוֹכְבַיָּא   עֲשָׂרָה דִבְּרַיָּא   תִּשְׁעָה יַרְחֵי לֵדָה
שְׁמוֹנָה יְמֵי מִילָה   שִׁבְעָה יְמֵי שַׁבְּתָא
שִׁשָּׁה סִדְרֵי מִשְׁנָה   חֲמִשָּׁה חֻמְשֵׁי תוֹרָה
אַרְבַּע אִמָּהוֹת   שְׁלוֹשָׁה אָבוֹת   שְׁנֵי לוּחוֹת הַבְּרִית
אֶחָד אֱלֹהֵינוּ שֶׁבַּשָּׁמַיִם וּבָאָרֶץ

Who knows thirteen?

I know thirteen.

Thirteen are the attributes of God.

The tribes of Israel are twelve.

The stars of Joseph's dream are eleven.

The words from Sinai are ten.

The months for childbirth are nine.

The days for circumcision are eight.

The days of the week are seven.

The orders of the Mishna are six.

The books of the Torah are five.

The matriarchs are four.

The patriarchs are three.

The tablets are two.

OUR GOD

IS ONE

IN HEAVEN AND EARTH.

שְׁלוֹשָׁה עָשָׂר מִי יוֹדֵעַ
שְׁלוֹשָׁה עָשָׂר אֲנִי יוֹדֵעַ
שְׁלוֹשָׁה עָשָׂר מִדַּיָּא
שְׁנֵים עָשָׂר שִׁבְטַיָּא
אַחַד עָשָׂר כּוֹכְבַיָּא
עֲשָׂרָה דִבְּרַיָּא
תִּשְׁעָה יַרְחֵי לֵדָה
שְׁמוֹנָה יְמֵי מִילָה
שִׁבְעָה יְמֵי שַׁבְּתָא
שִׁשָּׁה סִדְרֵי מִשְׁנָה
חֲמִשָּׁה חֻמְשֵׁי תוֹרָה
אַרְבַּע אִמָּהוֹת
שְׁלוֹשָׁה אָבוֹת
שְׁנֵי לוּחוֹת הַבְּרִית

אֶחָד
אֱלֹהֵינוּ
שֶׁבַּשָּׁמַיִם וּבָאָרֶץ

A KID FOR TWO ZUZIM

My father bought a kid;
Two zuzim he paid for it,
Two zuzim for just one kid.

There came a cat / And ate the kid
My father bought / That kid,
Two zuzim he paid for it,
Two zuzim for just one kid.

There came a dog / And bit the cat / That ate the kid
My father bought / That kid,
Two zuzim he paid for it,
Two zuzim for just one kid.

There came a stick / That beat the dog / That bit the cat
That ate the kid
My father bought / That kid,
Two zuzim he paid for it,
Two zuzim for just one kid.

There came a fire / That burnt the stick / That beat the dog
That bit the cat / That ate the kid
My father bought / That kid,
Two zuzim he paid for it,
Two zuzim for just one kid.

There came water / That quenched the fire / That burnt the stick
That beat the dog / That bit the cat / That ate the kid
My father bought / That kid,
Two zuzim he paid for it,
Two zuzim for just one kid.

חַד גַּדְיָא חַד גַּדְיָא

דִּזְבַן אַבָּא בִּתְרֵי זוּזֵי
חַד גַּדְיָא חַד גַּדְיָא

וַאֲתָא שׁוּנְרָא וְאָכְלָה לְגַדְיָא
דִּזְבַן אַבָּא בִּתְרֵי זוּזֵי
חַד גַּדְיָא חַד גַּדְיָא

וַאֲתָא כַלְבָּא וְנָשַׁךְ לְשׁוּנְרָא דְּאָכְלָה לְגַדְיָא
דִּזְבַן אַבָּא בִּתְרֵי זוּזֵי
חַד גַּדְיָא חַד גַּדְיָא

וַאֲתָא חֻטְרָא וְהִכָּה לְכַלְבָּא דְּנָשַׁךְ לְשׁוּנְרָא
דְּאָכְלָה לְגַדְיָא
דִּזְבַן אַבָּא בִּתְרֵי זוּזֵי
חַד גַּדְיָא חַד גַּדְיָא

וַאֲתָא נוּרָא וְשָׂרַף לְחֻטְרָא דְּהִכָּה לְכַלְבָּא
דְּנָשַׁךְ לְשׁוּנְרָא דְּאָכְלָה לְגַדְיָא
דִּזְבַן אַבָּא בִּתְרֵי זוּזֵי
חַד גַּדְיָא חַד גַּדְיָא

וַאֲתָא מַיָּא וְכָבָה לְנוּרָא דְּשָׂרַף לְחֻטְרָא דְּהִכָּה לְכַלְבָּא
דְּנָשַׁךְ לְשׁוּנְרָא דְּאָכְלָה לְגַדְיָא
דִּזְבַן אַבָּא בִּתְרֵי זוּזֵי
חַד גַּדְיָא חַד גַּדְיָא

There came an ox / That drank the water / That quenched the fire
That burnt the stick / That beat the dog
That bit the cat / That ate the kid
My father bought / That kid,
Two zuzim he paid for it,
Two zuzim for just one kid.

There came a slaughterer / Who killed the ox / That drank the water
That quenched the fire / That burnt the stick / That beat the dog
That bit the cat / That ate the kid
My father bought / That kid,
Two zuzim he paid for it,
Two zuzim for just one kid.

There came the Angel of Death / Who slew the slaughterer
Who killed the ox / That drank the water / That quenched the fire
That burnt the stick / That beat the dog / That bit the cat
That ate the kid / My father bought / That kid,
Two zuzim he paid for it,
Two zuzim for just one kid.

There came the Holy One, Blessed is He / Who slew the Angel of Death
Who slew the slaughterer / Who killed the ox / That drank the water
That quenched the fire / That burnt the stick / That beat the dog
That bit the cat / That ate the kid
My father bought / That kid,
Two zuzim he paid for it,

TWO ZUZIM FOR JUST ONE KID.

Outside Israel, the Omer is counted on the second night of the festival.

Blessed are You, LORD our God, King of the Universe,
who has made us holy through His commandments,
and has commanded us about counting the Omer.
Today is the first day of the Omer.

וַאֲתָא תּוֹרָא וְשָׁתָה לְמַיָּא דְּכָבָה לְנוּרָא דְּשָׂרַף לְחֻטְרָא
דְּהִכָּה לְכַלְבָּא דְּנָשַׁךְ לְשׁוּנְרָא דְּאָכְלָה לְגַדְיָא
דִּזְבַן אַבָּא בִּתְרֵי זוּזֵי
חַד גַּדְיָא חַד גַּדְיָא

וַאֲתָא הַשּׁוֹחֵט וְשָׁחַט לְתוֹרָא דְּשָׁתָא לְמַיָּא דְּכָבָה לְנוּרָא
דְּשָׂרַף לְחֻטְרָא דְּהִכָּה לְכַלְבָּא דְּנָשַׁךְ לְשׁוּנְרָא
דְּאָכְלָה לְגַדְיָא
דִּזְבַן אַבָּא בִּתְרֵי זוּזֵי
חַד גַּדְיָא חַד גַּדְיָא

וַאֲתָא מַלְאַךְ הַמָּוֶת וְשָׁחַט לְשׁוֹחֵט דְּשָׁחַט לְתוֹרָא
דְּשָׁתָא לְמַיָּא דְּכָבָה לְנוּרָא דְּשָׂרַף לְחֻטְרָא
דְּהִכָּה לְכַלְבָּא דְּנָשַׁךְ לְשׁוּנְרָא דְּאָכְלָה לְגַדְיָא
דִּזְבַן אַבָּא בִּתְרֵי זוּזֵי
חַד גַּדְיָא חַד גַּדְיָא

וַאֲתָא הַקָּדוֹשׁ בָּרוּךְ הוּא וְשָׁחַט לְמַלְאַךְ הַמָּוֶת
דְּשָׁחַט לְשׁוֹחֵט דְּשָׁחַט לְתוֹרָא דְּשָׁתָא לְמַיָּא
דְּכָבָה לְנוּרָא דְּשָׂרַף לְחֻטְרָא דְּהִכָּה לְכַלְבָּא
דְּנָשַׁךְ לְשׁוּנְרָא דְּאָכְלָה לְגַדְיָא
דִּזְבַן אַבָּא בִּתְרֵי זוּזֵי

חַד גַּדְיָא חַד גַּדְיָא

בחוץ לארץ אומרים ספירת העומר בלילה השני של פסח.

בָּרוּךְ אַתָּה יהוה אֱלֹהֵינוּ מֶלֶךְ הָעוֹלָם
אֲשֶׁר קִדְּשָׁנוּ בְּמִצְוֹתָיו, וְצִוָּנוּ עַל סְפִירַת הָעֹמֶר.
הַיּוֹם יוֹם אֶחָד בָּעֹמֶר.

ספריית פועלים